Théo de Borba Moosburger

LENDO EM NÓRDICO

Uma introdução à língua das sagas, das Eddas e das inscrições rúnicas da Era Viking

Vol. 2

KOTTER
EDITORIAL

Coordenação Editorial: Sálvio Nienkötter
Editor-Executivo: Claudecir de Oliveira Rocha
Editor-adjunto: João Lucas Dusi
Capa: Jussara Salazar
Imagem da capa: Manuscrito Flateyjarbók, séc. XIV
Design editorial: Carlos Garcia Fernandes
Produção: Cristiane Nienkötter
Revisão e preparação de originais: O Autor

Dados Internacionais de Catalogação na Publicação (CIP)
Angelica Ilacqua CRB-8/7057

M814L
Moosburger, Théo de Borba
Lendo em nórdico II : uma introdução à língua das sagas, das Eddas e das inscrições rúnicas da Era Viking / Théo de Borba Moosburger. – 1. ed. – Curitiba : Kotter editorial, 2024.
196 p. : il.

Bibliografia
ISBN 978-65-5361-379-9

1. Línguas escandinavas - Estudo e ensino I. Título
CDD 439.5

24-5115

KOTTER EDITORIAL

Kotter Editorial Ltda.
Rua das Cerejeiras, 194
CEP: 82700-510 - Curitiba - PR
Tel. + 55(41) 3585-5161
www.kotter.com.br | contato@kotter.com.br

Feito o depósito legal
1ª Edição
2024

Théo de Borba Moosburger

LENDO EM NÓRDICO

Uma introdução à língua das sagas, das Eddas e das inscrições rúnicas da Era Viking

Vol. 2

Sumário

Unidade 8

Unidade 9

Unidade 10

Unidade 11

Unidade 12

Unidade 13

Unidade 14

Traduções das leituras e soluções dos exercícios

Abreviaturas

ac. acusativo
adj. adjetivo
adv. advérbio
art. artigo
aux. auxiliar
card. cardinal
comp. comparativo
conj. conjunção
dat. dativo
def. definido
dem. demonstrativo
f. feminino
gen. genitivo
imper. imperativo
indecl. indelinável
int. interrogativo
m. masculino
med. conjugação média
n. neutro
nom. nominativo
num. numeral
ord. ordinal
pl. plural
poet. poético
poss. possessivo
prep. preposição
pron. pronome
refl. reflexivo
rel. relativo
sing. singular
subj. subjuntivo
subst. substantivo
superl. superlativo
v. verbo

Nota Prévia

Este é o segundo volume da série *Lendo em Nórdico*. A apresentação e a introdução geral encontram-se no volume 1, do qual o presente livro é uma continuação orgânica. As unidades 8—14 introduzem o pretérito dos verbos, futuro, conjugação *-sk* (média), pronomes reflexivos, particípio pretérito e tempos compostos no indicativo, pronomes demonstrativos e indefinidos, forma fraca dos adjetivos, comparativos, superlativos e numerais. Se no volume 1 as leituras das unidades foram centradas na *Edda* de Snorri Sturluson, neste damos ênfase às sagas de islandeses (*Eiríks saga rauða, Grœnlendinga saga*, *Brennu-Njáls saga*, *Laxdœla saga* e *Grettis saga*), e também incluímos excertos de sagas de reis (*Knýtlinga saga* e *Heimskringla*) e da *Sturlunga saga.*

A progressão de vocabulário proposta no primeiro volume tem também sequência. Assim, palavras já listadas nos *vocabulários a serem memorizados* são suprimidas dos glossários deste volume (inclusive do glossário final). Como os textos do presente volume apresentam muitos nomes próprios, por economia eles não são listados em glossários, a não ser que tenham alguma tradução ou significado específico. Para verificar as formas de nominativo dos nomes (que devem ser usadas nas traduções), basta conferir as *traduções das leituras e soluções dos exercícios*. É importante enfatizar que as traduções oferecidas neste livro têm como único propósito servir de guia para a leitura dos originais. Não se trata de traduções esteticamente trabalhadas, e sim de versões que buscam reproduzir, na medida do possível, a sintaxe original. Além disso, por mais literais que elas possam ser, a equivalência não é sempre possível, especialmente entre línguas tão diferentes como o nórdico e o português. As traduções aqui, portanto, não esgotam todas as possibilidades de leitura e interpretação das passagens.

Errata para a primeira tiragem do vol. 1: na p. 11, devido a uma falha de *copydesk* (e não de responsabilidade do autor), a palavra *dirigirá* foi redigitada e aparece grafada com erro.

Bibliografia complementar

São listadas aqui somente as edições de textos nórdicos utilizadas nas leituras e exercícios deste volume. Ver bibliografia geral no vol. 1.

BENEDIKTSSON, Jakob (ed.). *Íslenzk Fornrit I. Landnámabók. Íslendingabók*. Reykjavík: Hið Íslenzka Fornritafélag, 1986.

FINCH, R. G. (ed. e trad.) *Vǫlsunga saga. The saga of the Volsungs*. London: Nelson, 1965.

GUÐNASON, Bjarni (ed.) *Íslenzk Fornrit XXXV. Danakonunga sǫgur*. Reykjavík: Hið Íslenzka Fornritafélag, 1982.

JÓNSSON, Guðni (ed.) *Íslenzk fornrit VII. Grettis saga*. Reykjavík: Hið Íslenzka Fornritafélag, 1936.

JÓNSSON, Guðni (ed.) *Sturlunga saga. Annað bindi*. Reykjavík: Íslendingasagnaútgáfan, 1953.

KÅLUND, Kr. *Alfræði íslenzk. Islandsk encyclopædisk litteratur. I. COD. MBR. AM. 194, 8vo*. København: S. L. Møllers Bogtrykkeri, 1908.

NORDAL, Sigurður (ed.). *Íslenzk Fornrit II. Egils saga*. Reykjavík: Hið Íslenzka Fornritafélag, 1933.

STURLUSON, Snorri. *Edda. Prologue and Gylfaginning (Edited by Anthony Faulkes). Second Edition*. London: Viking Society for Northern Research — University College London, 2005 (1a. ed.: Oxford University Press, 1982).

STURLUSON, Snorri. *Heimskringla.* (ed. de Bergljót S. Kristjánsdóttir et. al.). Reykjavík: Mál og Menning, 1991 (3 volumes) — contém glossário em islandês moderno.

STURLUSON, Snorri. *Heimskringla. Íslenzk Fornrit XXVI — XXVIII. Ed. de Bjarni Aðalbjarnarson.* Reykjavík: Hið Íslenzka Fornritafélag, 1941.

STURLUSON, Snorri. *Heimskringla. Nóregs konunga sǫgur. Udgivet af Finnur Jónsson.* København: Gads Forlag, 1911.

SVEINSSON, Einar Ól. & ÞÓRÐARSON, Matthías (ed.) *Íslenzk Fornrit IV. Eyrbyggja saga. Grœnlendinga saga. Eiríks saga rauða.* Reykjavík: Hið Íslenzka Fornritafélag, 1935. Republicado com apêndice de Ólafur Halldórsson em 1985, com a versão do manuscrito *Skálholtsbók* da *Eiríks saga rauða.*

SVEINSSON, Einar Ólafur (ed.). *Íslenzk Fornrit V. Laxdœla saga.* Reykjavík: Hið Íslenzka Fornritafélag, 1954.

SVEINSSON, Einar Ólafur (ed.). *Íslenzk Fornrit XII. Brennu-Njáls saga.* Reykjavík: Hið Íslenzka Fornritafélag, 1954.

THORSSON, Örnólfur (ed.) *Sturlunga saga.* Reykjavík: Mál og Menning, 2010 (1ª. ed. 1988), 3 volumes — contém glossário em islandês moderno.

Unidade 8

Leitura: O princípio da colonização nórdica da Groenlândia (*Eiríks saga rauða*, II)

Þorvaldr hét maðr; hann var son Ásvalds Úlfssonar, Yxna-Þórissonar. Eiríkr rauði hét son hans. Þeir feðgar fóru af Jaðri til Íslands fyrir víga sakar ok námu land á Hornstrǫndum ok bjǫggu at Drǫngum; þar andaðisk Þorvaldr. Eiríkr fekk þá Þjóðhildar dóttur Jǫrundar Atlasonar ok Þorbjargar knarrarbringu, er þá átti Þorbjǫrn hinn haukdœlski; rézk Eríkr þá norðan ok ruddi land í Haukadal ok bjó á Eiríksstǫðum hjá Vatshorni.

Eiríkr, o Vermelho. Gravura de Arngrímur Jónsson (1688).

Þá felldu þrælar Eríks skriðu á bœ Valþjófs á Valþjófsstǫðum. Eyjólfr saurr, frændi hans, drap þrælana hjá Skeiðsbrekkum upp frá Vatshorni; fyrir þat vá Eiríkr

Eyjólf saur; hann vá ok Hólmgǫngu-Hrafn at Leikskálum. Geirsteinn ok Oddr á Jǫrva, frændr Eyjólfs, mæltu eptir hann. Þá var Eiríkr gǫrr á brott ór Haukadal.

Hann nam þá Brokey ok Øxney ok bjó at Trǫðum í Suðrey hinn fyrsta vetr. Þá léði hann Þorgesti setstokka. Síðan fór Eiríkr í Øxney ok bjó á Eiríksstǫðum. Þá heimti hann setstokkana ok náði eigi. Eiríkr sótti þá setstokkana á Breiðabólstað, en Þorgestr fór eptir honum. Þeir bǫrðusk skammt frá garði á Drǫngum. Þar fellu tveir synir Þorgests ok nǫkkurir menn aðrir.

Eptir þat hǫfðu hvárirtveggju setu fjǫlmenna.

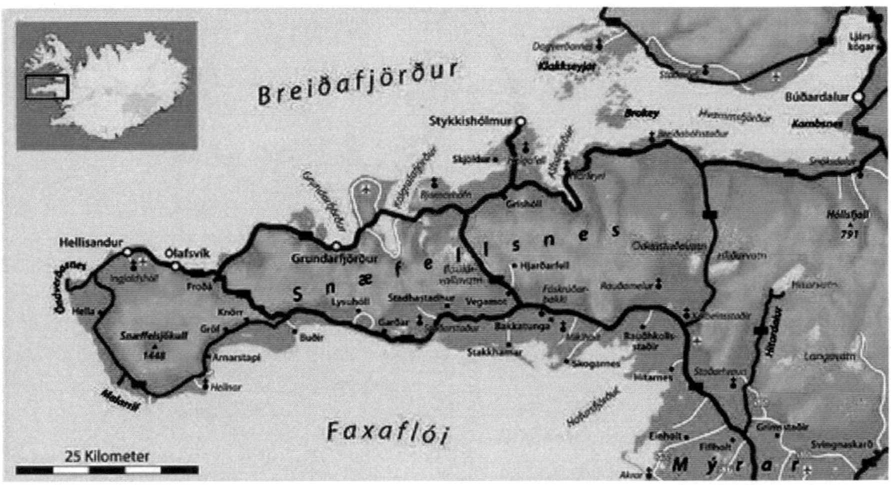

Styrr veitti Eiríki ok Eyjólfr ór Svíney, Þorbjǫrn Vífilsson ok synir Þorbrands ór Álptafirði, en Þorgesti veittu synir Þórðar gellis ok Þorgeirr ór Hítardal ok Áslákr ór Langadal ok Illugi son hans. Þeir Eiríkr urðu sekir á Þórsnessþingi. Hann bjó skip sitt í Eiríksvági, en Eyjólfr leyndi honum í Dímunarvági meðan þeir Þorgestr leituðu hans um eyjarnar. Þeir Þorbjǫrn ok Eyjólfr ok Styrr fylgðu Eiríki út um eyjarnar; hann sagði þeim at hann ætlaði at leita lands þess er Gunnbjǫrn son Úlfs kráku sá, er hann rak vestr um haf, þá er hann fann Gunnbjarnarsker. Hann kvezk aptr mundu leita til vina sinna ef hann fyndi landit, ok skilðusk þeir með hinni mestu vináttu (...).

Glossário

andaðisk : morreu (pret. de *andask*)
at prep. dat. em || marca de infinitivo, complementizador: que || com sentido de propósito: para, de modo a, a fim de
átti : tinha, teve (pret. de *eiga*)
bjó : morou, morava | preparou (pret. de *búa*)
bjǫggu : moraram (pret. de *búa*)
bǫrðusk : lutaram (pret. de *berjask*)
drap : matou (pret. de *drepa*)
eptir prep. 1. ac. depois 2. dat. atrás de, no encalço de
ey (gen. sing. eyjar, nom. pl. eyjar) f. ilha || *út um eyjarnar* pelas ilhas, pelas ilhas afora
fann : encontrou, achou (pret. de *finna*)
feðgar m. pl. pai e filho
fekk : tomou, obteve [como esposa], casou-se (com) (pret. de *fá*)
felldu : derrubaram, causaram (a queda) (pret. de *fella*)
fellu : caíram (pret. de *falla*)
fór : foi (pret. de *fara*)
fóru : foram (pret. de *fara*)
frændi (pl. frændr) m. parente masculino
fylgðu : acompanharam (pret. de *fylgja*)
fyrir víga sakar : por conta de homicídios
fyrir þat : por isso
garðr (-s, -ar) m. cerca, muro | espaço cercado | *skammt frá garði* a uma curta distância do cercado
gellir (gen. gellis) m. gritador (aqui um epítedo)
gǫrr á brott : expulso
Gunnbjarnarsker n. abrolho de Gunnbjǫrn
haukdœlski : de Haukadalr (um vale), serve aqui como epíteto
heimti : demandou (pret. de *heimta*)
hét : chamava-se (pret. de *heita*)
hjá prep. dat. junto a, próximo a
hǫfðu hvárirtveggju setu fjǫlmenna : ambas as partes tinham muitos homens reunidos
knarrarbringa : (epíteto) "peito de knǫrr"; **knǫrr** m. navio mercante
kráka f. corvo (aqui um epíteto)
kvezk aptr mundu leita til vina sinna ef hann fyndi... : declara que novamente procuraria seus amigos se encontrasse...
land n. terra
leita v. procurar
leituðu : procuraram, procuravam (pret. de *leita*)
leyndi : ocultou, escondeu (pret. de *leyna*)
léði : emprestou (pret. de *ljá*)
meðan : enquanto
mæltu eptir hann : tomaram seu partido, falaram por ele nos procedimentos legais (pret. de *mæla*)
nam : tomou, apossou-se de (pret. de *nema*)
náði : obteve (pret. de *ná*)

námu : tomaram, apossaram-se de (pret. de *nema*)
norðan : do norte, vindo do norte
nǫkkurir : alguns
ór prep. dat. de, vindo de, para fora de
rak (pret. de *reka*) *er hann rak vestr um haf* quando foi arrastado para oeste no mar
rauði : forma fraca do adj. *rauðr* : vermelho
rę́zk : mudou-se (pret. de *ráða*, voz média)
ruddi : desmatou (pret. de *ryðja*)
sagði at : disse que (pret. de *segja*)
saurr m. lama, sujeira || excremento
sá : viu (pret. de *sjá*)
sekr adj. proscrito, banido
setstokkr (-s, -ar) m. viga ou coluna (de madeira)
sitt pron. poss. refl. seu (concordando com *skip*)
síðan adv. em seguida, depois
skilðusk : separaram-se (pret. de *skiljask*) || *skilðusk þeir með hinni mestu vináttu* separaram-se eles com a máxima amizade
skip n. navio
skriða f deslizamento de terra
son : variante de nominativo sem o *-r*, **sonr**
sótti : foi buscar (pret. de *sœkja*)
tveir num. card. dois
upp adv. acima, em cima, para cima
urðu : foram feitos (pret. de *verða*)
var : foi, era (pret. de *vera*)
vá : matou (pret. de *vega*)
veitti : ajudou, deu auxílio (pret. de *veita*)
veittu : ajudaram, deram auxílio (pret. de *veita*)
vetr (gen. **vetrar**, pl. nom. **vetr**) m. inverno || *hinn fyrsta vetr* no primeiro inverno
vinr (-ar, -ir) m. amigo
þá adv. então || *þá er* quando
Þórsnessþing n. assembleia de Þórsnes
þræll (-s, -ar) m. escravo
ætlaði : pretendia, tinha intenção de (pret. de *ætla*)

Gramática

8.1. Pretérito: noções gerais

Podemos definir o pretérito como a forma verbal que expressa uma ação anterior ao momento da enunciação. No português, temos o presente *digo* e os pretéritos perfeito e imperfeito *disse* e *dizia*. Além destes, o português ainda possui o mais-que-perfeito sintético (*dissera*), e as formas perifrásticas (compostas com os auxiliares *ter* e *haver*): *tinha/havia dito*. O mais-que-perfeito *dissera* é equivalente à forma perifrástica *tinha/havia dito*: expressa uma ação completa num passado anterior a outra ação no passado (veremos o mais-que-perfeito nórdico em 12.2).

Cada língua manifesta noções de *tempo* e *aspecto* verbal de modo próprio: é dentro do conjunto de possibilidades de cada língua que devemos compreender seus recursos expressivos, pois estes, individualmente, operam por contraste com os demais da língua dada. Assim, buscar equivalentes exatos entre línguas distintas pode induzir a imprecisões ou ao erro.

As línguas germânicas em geral não fazem a mesma distinção aspectual entre *perfectivo* (ação simples ou completa) e *imperfectivo* (ação incompleta, reiterada ou durativa) nas formas conjugadas de pretérito que temos nas línguas latinas. Se no português temos *disse, dizia*, em nórdico temos somente *sagða*. Esse pretérito nórdico não deve ser chamado de "perfeito". É, ademais, muito importante observar que a terminologia gramatical varia entre as línguas, e o que chamamos de *perfeito* em português não corresponde necessariamente ao "perfeito" de outras línguas.

A forma de pretérito exemplificada por *sagða* pode ser entendida normalmente como equivalente ao nosso perfeito ("disse"), mas em algumas situações pode ser mais bem traduzida pelo imperfeito ("dizia"). É somente observando o contexto em que dada forma ocorre que podemos escolher a solução mais adequada para vertê-la em português. E, muitas vezes, ambas são corretas e aceitáveis. Além desse pretérito, o nórdico também possui outros tempos verbais (de pretérito e futuro) formados perifrasticamente por meio de auxiliares e particípios (abordaremos essas formas nas unidades subsequentes). Todas as formas verbais que estamos estudando neste volume são de indicativo. Você tem se deparado também com formas de subjuntivo e imperativo, e, sempre que necessário, elas vêm sendo analisadas nos glossários. Analisaremos o subjuntivo e o imperativo no terceiro volume.

Para exemplificarmos a problemática da escolha entre perfeito e imperfeito no português, ao traduzirmos do nórdico, observe a seguinte frase, retirada do texto inicial desta unidade:

> Eiríkr **fekk** þá Þjóðhildar dóttur Jǫrundar Atlasonar ok Þorbjargar knarrarbringu, er þá **átti** Þorbjǫrn hinn haukdœlski.
>
> Eiríkr **tomou** então (como esposa) Þjóðhildr, filha de Jǫrundr Atlason e de Þorbjǫrg knarrarbringa, que então Þorbjǫrn de Haukadalr **tinha** (como esposa).

Neste caso, a forma **átti** (pretérito de *eiga*) é preferencialmente traduzida por *tinha*, pois se trata de uma noção aspectual que *na língua portuguesa* precisa ser expressa pelo imperfeito: enquanto Eiríkr se casou com (**fekk**) Þjóðhildr (ação pontual, aspecto perfectivo), Þorbjǫrn estava casado (estado, aspecto durativo) com Þorbjǫrg. Aqui somos levados a usar o imperfeito no português. Há outros casos, porém, em que a escolha pode ser mais livre, e depende de opções estilísticas no processo tradutório. Veja-se um trecho de genealogia (já lido nos exercícios da Unidade 7):

> Maðr **er** nefndr Hǫskuldr; hann **var** Dala-Kollsson. Móðir hans **hét** Þorgerðr ok **var** dóttir Þorsteins ins rauða, Óláfs sonar ins hvíta, Ingjaldssonar, Helgasonar; móðir Ingjalds **var** Þóra, dóttir Sigurðar orms-í-auga, Ragnars sonar loðbrókar. Uðr in djúpúðga **var** móðir Þorsteins rauðs, dóttir Ketils flatnefs, Bjarnar sonar bunu. Hǫskuldr **bjó** á Hǫskuldsstǫðum í Laxárdal. Hrútr **hét** bróðir hans; hann **bjó** á Hrútsstǫðum.

Todos os verbos estão destacados em negrito. Uma questão a ser observada aqui, com relação ao aspecto dos verbos na tradução, é discernir quando se trata de um sumário, algo não especificamente *narrado*, e quando se trata de narrativa propriamente dita. Alguns nomes são elencados como compondo o passado histórico da linhagem, e nesses casos é possível usar o perfeito do português: *Um homem é nomeado Hǫskuldr; ele **era** filho de Dala-Kollr. Sua mãe **se chamava** Þorgerðr e **foi/era** filha de Þorsteinn, o Vermelho, filho de Óláfr, o Branco, filho de Ingjaldr, filho de Helgi; a mãe de Ingjaldr **foi** Þóra, filha de Sigurðr Serpente-no-Olho, filho de Ragnarr Loðbrók. Uðr Mente-Profunda **foi*** *mãe de Þorsteinn Vermelho, filho de Ketill Nariz-Chato, filho de Bjǫrn Buna. Hǫskuldr* ***morava*** *em Hǫskuldsstaðir em Laxárdalr. Hrútr* ***chamava-se*** *o irmão dele; ele* ***morava*** *em Hrútsstaðir.*

Cabe aqui avaliar qual é o tempo da narrativa: no caso, falar de Hǫskuldr no imperfeito é necessário, pois o tempo da narrativa trata dele; por outro lado, os antepassados que já não estavam vivos no momento da ação, e que são simplesmente elencados, podem ser descritos por meio do perfeito do português (*a mãe de Ingjaldr foi Þóra...*). A questão é sutil e depende, em grande medida, do modo como lemos o texto e como almejamos retextualizá-lo em português, mediante análise e compreensão prévia de todo o universo narrado. Em muitos pontos, há margem para ambas as soluções.

Além da definição "de cartilha" dos tempos presente e pretérito (*presente* sendo o tempo concomitante à enunciação e *pretérito* o tempo anterior à enunciação), devemos observar que a língua é utilizada de forma expressiva, e nem sempre essas categorias são tão estanques. Nos textos narrativos, pode-se usar o tempo presente para narrar fatos passados (o presente narrativo), algo que tanto o nórdico quanto o português podem fazer. Uma peculiaridade dos textos narrativos islandeses medievais é o uso constante do presente narrativo, muitas vezes alternando-se com o pretérito, mesmo dentro de uma mesma frase:

> Óláfr **vill** þá renna á Hrapp, en Hrappr **fór** þar niðr, sem hann var kominn.
> Óláfr **quer** então correr sobre Hrappr, mas Hrappr **afundou** lá, (no local de) onde ele havia surgido.

Aqui temos o verbo **vill** no presente, e na sequência **fór niðr** no pretérito, mas ambas as ações se desenrolam numa mesma linha temporal. O modo como podemos lidar com isso na retextualização é algo que depende dos objetivos da tradução e do estilo almejado. É frequente, em traduções para o inglês, a regularização dos tempos verbais sempre para o pretérito.

Você tem se deparado, ao longo das leituras, com formas de pretérito de diversos verbos. Veremos agora o padrão geral de formação de pretérito.

8.2. O verbo irregular *vera* no pretérito

Revise aqui as formas de presente do verbo *vera*, e observe o seu pretérito completo:

	presente	*pretérito*
ek	**em**	**var**
þú	**ert**	**vart**
hann, hon, þat	**er**	**var**
vér, vit	**erum**	**várum**
þér, þit	**eruð**	**váruð**
þeir, þær, þau	**eru**	**váru**

Com exceção da primeira pessoa do singular, as desinências de presente deste verbo são as mesmas do pretérito. No pretérito, temos um radical diferente (com variação entre singular *var-* e plural *vár-*), e as desinências a seguir:

ek	**-**
þú	**-t**
hann, hon, þat	**-**
vér, vit	**-um**
þér, þit	**-uð**
þeir, þær, þau	**-u**

Note que o presente e o pretérito, aqui, diferenciam-se não por meio de desinências, mas sim do radical. Apesar de irregular, o verbo *vera* serve para exemplificar o padrão dos verbos fortes, que será apresentado abaixo em 8.4.2.

8.3. O verbo irregular *eiga* no pretérito

Outro verbo que possui desinências de pretérito no presente é o já estudado *eiga* (cf. 4.3). Recorde-se aqui de suas formas de presente, e compare-as ao pretérito:

	presente	*pretérito*
ek	**á**	**átta**
þú	**átt**	**áttir**
hann, hon, þat	**á**	**átti**
vér, vit	**eigum**	**áttum**
þér, þit	**eiguð**	**áttuð**
þeir, þær, þau	**eigu**	**áttu**

Este verbo forma o pretérito (*át-t-a*) de modo diferente do verbo *vera*, visto acima em 8.2. Aqui, além da mudança do radical (*át-*), temos um sufixo *(-t)* e as desinências a seguir:

ek	**-a**
þú	**-ir**
hann, hon, þat	**-i**
vér, vit	**-um**
þér, þit	**-uð**
þeir, þær, þau	**-u**

O verbo *eiga* é considerado irregular: possui no presente desinências de pretérito (a exemplo de *vera*), e assim algumas gramáticas o denominam *pretérito-presente*. Note bem: apesar de ter desinências de pretérito no presente, o tempo verbal é efetivamente o presente. Trata-se meramente de uma aplicação daquelas desinências. Já o pretérito deste verbo, diferentemente do que ocorre com *vera*, é montado com o acréscimo de um sufixo de pretérito (-t) e as desinências que temos nos verbos fracos, que veremos em 8.4.1.

Se você aprender bem a flexão de *vera* e *eiga*, conhecerá as desinências dos verbos fortes e fracos no pretérito.

8.4. Pretérito dos verbos fracos e fortes

O sistema de conjugação do nórdico é dividido em dois grandes grupos: os **verbos fortes** e os **verbos fracos**. Não há sempre como saber se um verbo é forte ou fraco apenas conhecendo o presente. A diferença diz respeito ao modo como se forma o pretérito. Os pretéritos forte e fraco diferenciam-se tanto pelas desinências de singular (no plural são iguais) quanto pelo tema: enquanto os pretéritos fortes apresentam radicais novos (muitas vezes o mesmo radical de presente, mas com um grau vocálico diferente, outras vezes um radical bastante diferente do de presente), os pretéritos fracos são formados com o mesmo radical de presente acrescido de um sufixo, e com raras mudanças na vogal. Assim, você precisa entender esses dois modos de formar o pretérito.

8.4.1. Pretérito dos verbos fracos

Os **verbos fracos** formam o pretérito com o acréscimo de um sufixo **-ð** (**-d**, **-t**), seguido das desinências de pretérito que você conhece do verbo *eiga* (cf. 8.3). Normalmente o radical de pretérito é simplesmente o mesmo radical de presente acrescido do sufixo, sem alteração vocálica. Há verbos, contudo, que podem apresentar uma vogal alterada no radical de presente: *segja* tem o radical *sag-* que, devido à epêntese semivocálica -j-, apresenta mutação frontal (*segja*); no pretérito, sem essa epêntese, a vogal do radical é **a**, sem a mutação frontal: *sag-ð-a*. O mesmo fenômeno pode ser observado em *spyrja, spurða*. Não se trata, pois, de outro radical.

O sufixo tem a forma flutuante entre as oclusivas **t** e **d** e a fricativa **ð**, por questões puramente fonéticas: **segja**, **sagða**; **dœma**, **dœmda**; **vaka**, **vakta**. Isso é determinado pelo contexto fonético: o som que antecede imediatamente o sufixo determinará qual será a forma deste. Existe alguma flutuação, mas a tendência geral é a seguinte:

radicais terminados em **d**, **ð**, **l**, **m**, **n** tomam o sufixo **d** (quando o radical termina em **ð**, a junção de **ðd** gera **dd**, como em *reiða*, *reidda*); após **l**, alguns verbos tomam sufixo **t** (*vilja*, *vilda*, mas *mæla*, *mælta*). Verbos que possuem vogal temática **a** no singular no presente (padrão *-a, -ar, -ar*), como *kalla*, sempre mantêm a vogal no radical de pretérito com o sufixo, que será **ð**: *kallaða*. Após **f**, **g** e **r**, o sufixo é **ð** (*hafa*, *hafða*; *fœra*, *fœrða*; *segja*, *sagða*); após **k**, **p** e **s**, o sufixo normalmente é **t**. Algumas flutuações são: *muna*, *munða*/*munda*; *vekja*, *vakta*/*vakða* etc. Para deduzir as demais formas de um verbo fraco, basta conhecer a primeira pessoa do singular do pretérito, que será indicada nos glossários e pode ser buscada em dicionários. Após memorizar alguns verbos, você começará a intuir a forma do sufixo. Note que o sufixo pode também ser elidido quando houver alguns encontros de consoantes: **senda**, pret. **senda** (*send-d-a), **hitta**, pret. **hitta** (*hitt-t-a).

8.4.2. Pretérito dos verbos fortes: primeiras noções

Os **verbos fortes**, por sua vez, formam o pretérito sem acréscimo de sufixo, mas com outro radical, que pode ser parecido com o de presente (*fara, fór; gefa, gaf*) ou muito diferente dele (*hǫggva*, *hjó*). Para os verbos fortes, as desinências de pretérito são as mesmas que você já conhece do pretérito de *vera* (cf. 8.2).

8.4.3. Como saber se um verbo é forte ou fraco

Via de regra, os verbos que possuem no presente as desinências no singular -a, -ar, -ar (como *kalla* → *kall-a, kall-ar, kall-ar*) e -i, -ir, -ir (como *hafa* → *hef-i, hef-ir, hef-ir*), são fracos, e os verbos que possuem as desinências no singular -, -r, -r com mutação frontal (como *fara* → *fer-, fer-r, fer-r*) são fortes. Mas há verbos, como *spyrja,* que formam o presente singular com desinências -, -r, -r e mutação frontal (*spyr, spyrr, spyrr*) e são fracos (o pretérito é formado pelo acréscimo de sufixo, *spurða*). Desse modo, a melhor maneira para saber se um verbo é forte ou fraco é conhecer o seu pretérito. Sempre que você aprender um verbo novo, é recomendável memorizar qual o seu padrão de conjugação (quais as desinências de presente singular e como é formado o seu pretérito).

Como não há meios de deduzir a formação de pretérito, os dicionários indicam algumas **partes principais.** Veja exemplos de entradas do dicionário de Zoëga:

> **hvessa** (-ta, -tr), v. (1) *to sharpen, whet* (h. spjót); h. augun á e-t, *to look keenly or hard at*; (2) *to stir up, instigate*; (3) impers., hvessir veðrit (acc.), *it blows up a gale.*

No caso do verbo *hvessa*, a indicação entre parênteses *-ta* mostra que se trata de um verbo fraco: *hvessta*, *hvesstir*, *hvessti* etc.

> **höggva** (**høgg**; **hjó**, **hjoggum** *or* **hjuggum**; **höggvinn** and **högginn**), v. (1) *to strike, smite* (with a sharp weapon); høggr sá, er hlífa skyldi, *he strikes who ought to shield*; h. sverði (*or* með sverði), *to strike with a sword*; h. e-n bana-högg, *to give one his deathblow*; (2) *to cut down, de-*

No caso de *hǫggva* (na convenção de Zoëga com a letra **ö** em lugar de **ǫ**), a indicação entre parênteses é mais complexa. A forma *høgg* indica que, no presente do indicativo, há mutação frontal no singular, e as formas a seguir (*hjó*, *hjoggum*) mostram respectivamente o radical de singular e plural do pretérito. Trata-se, pois, de um verbo forte.

As flexões do nórdico apresentam alguns detalhes que só são plenamente aprendidos com bastante prática, mas as regras gerais não são tão complicadas quanto parecem. No presente estágio, nós nos concentraremos nos princípios gerais, e é importante, inicialmente, dominar as desinências. Os padrões de mudança vocálica (gradação vocálica) serão vistos ao longo das leituras, e, futuramente, sumarizados. Conhecendo bem as desinências e as regras gerais de mutação vocálica, as pequenas irregularidades não serão um impedimento para que você leia os textos, tendo em mãos um bom dicionário e tabelas de conjugação.

Observe a conjugação completa de presente e pretérito do indicativo dos verbos **kalla** (chamar), **segja** (dizer), **dœma** (julgar), **gráta** (chorar) e **fara** (ir):

Presente:

infinitivo	*kall-**a***	*segj-**a***	*dœm-**a***	*grát-**a***	*fara*
ek	kall-**a**	seg-**i**	dœm-**i**	græt-	fer-
þú	kall-**ar**	seg-**ir**	dœm-**ir**	græt-**r**	fer-**r**
hann, hon, þat	kall-**ar**	seg-**ir**	dœm-**ir**	græt-**r**	fer-**r**
vér, vit	kǫll-**um**	segj-**um**	dœm-**um**	grát-**um**	fǫr-**um**
þér, þit	kall-**ið**	seg-**ið**	dœm-**ið**	grát-**ið**	far-**ið**
þeir, þær, þau	kall-**a**	segj-**a**	dœm-**a**	grát-**a**	far-**a**

Pretérito:

ek	kall**a-ð-a**	sag-**ð-a**	dœm-**d-a**	grét-	fór
þú	kall**a-ð-ir**	sag-**ð-ir**	dœm-**d-ir**	gréz-**t**	fór-**t**
hann, hon, þat	kall**a-ð-i**	sag-**ð-i**	dœm-**d-i**	grét-	fór
vér, vit	kǫll**u-ð-um**	sǫg-**ð-um**	dœm-**d-um**	grét-**um**	fór-**um**
þér, þit	kǫll**u-ð-uð**	sǫg-**ð-uð**	dœm-**d-uð**	grét-**uð**	fór-**uð**
þeir, þær, þau	kǫll**u-ð-u**	sǫg-**ð-u**	dœm-**d-u**	grét-**u**	fór-**u**

Observe a africada em *grézt* (*gréts-t*). Alguns verbos apresentam, no pretérito da segunda pessoa do singular, *st (z)*. A terminação *-st* é padrão no islandês moderno: *varst*, *fórst* etc. O pretérito de *dœma* também pode ser *dœmða*.

8.5. Substantivos irregulares que expressam parentesco: formas alternativas

Em 7.3.4, foram vistos alguns substantivos irregulares que expressam parentesco. Além das formas apresentadas naquela tabela, existem formas alternativas de dativo singular **feðr** (fǫður), **brœðr** (bróður), **dœtr** (dóttur), como visto no texto desta Unidade. Essas formas são iguais ao plural nom. e ac.

Exercícios

1. Complete a conjugação dos verbos, no presente e no pretérito:

Presente:

	sigla	**hafa**	**kalla**	**eiga**
ek	*sigli*	*hefi*	*kalla*	*á*
þú	....	....	....	....
hann, hon, þat	....	....	....	....
vér, vit	....	....	....	....
þér, þit	....	....	....	....
þeir, þær, þau	....	....	....	....

Pretérito:

	sigla	**hafa**	**kalla**	**eiga**
ek	*siglda*	*hafða*	*kallaða*	*átta*
þú	....	....	....	....
hann, hon, þat	....	....	....	....
vér, vit	....	....	....	....
þér, þit	....	....	....	....
þeir, þær, þau	....	....	....	....

Presente:

	vera	fara	gráta	taka
ek	*em*	*fer*	*grœt*	*tek*
þú	....	....	....	....
hann, hon, þat	....	....	....	....
vér, vit	....	....	....	....
þér, þit	....	....	....	....
þeir, þær, þau	....	....	....	....

Pretérito:

	vera	fara	gráta	taka
ek	*var*	*fór*	*grét*	*tók*
þú	....	....	....	....
hann, hon, þat	....	....	....	....
vér, vit	....	....	....	....
þér, þit	....	....	....	....
þeir, þær, þau	....	....	....	....

2. Relacione as formas flexionadas na coluna da esquerda (todas no pretérito) aos infinitivos da coluna da direita. Em seguida, ao lado de cada forma flexionada escreva um pronome adequado que possa servir como seu sujeito.

______________________________	spurða	
______________________________	fékk (ou fekk)	
______________________________	kómum	láta
______________________________	tóku	heita
______________________________	létu	fara
______________________________	gáfuð	drepa
______________________________	gekk	koma
______________________________	tók	fá
______________________________	gengu	ganga
______________________________	fór	gefa
______________________________	hét	spyrja
______________________________	fóru	taka
______________________________	drápum	

3. Nas frases abaixo, identifique os verbos, verifique se estão no presente ou no pretérito e tente encontrar a forma de infinitivo deles. Há 15 pretéritos nas frases, e os respectivos infinitivos são os seguintes:

drepa, eiga, fara (3 vezes), fœra, gera, hafa (2 vezes), heyra, láta, segja, spyrja, vera, vilja

Identifique a qual infinitivo cada forma de pretérito corresponde.

1. „Hvat gerðu synir Njáls?“ sagði hon.
2. Þeir áttu skóg saman Gunnarr ok Njáll í Rauðaskriðum.
3. Þeir hǫfðu þar góðar viðtǫkur.
4. Hrútr fór til Konungahellu.
5. Atli drap Úlf.
6. Hǫskuldr fœrði fé allt til skips.
7. Þau hǫfðu atsetu austr í Konungahellu.
8. Konungr spurði hann at nafni.
9. Þeir brœðr fóru heim.
10. Þá heyrðu þau ym mikinn ok gný.
11. Þá váru hér menn Kristnir þeir er Norðmenn kalla papa.
12. En þeir fóru síðan á braut, af því at þeir vildu eigi vera hér við heiðna menn, ok létu eptir bœkr Írskar ok bjǫllur ok bagla.

4. Traduza as frases do exercício anterior (utilize o glossário ao final do livro).

5. Antes de ler o texto abaixo, relacione as formas verbais de pretérito (coluna da esquerda), aos respectivos infinitivos (coluna da direita). Todos esses pretéritos se encontram no texto e estão nele destacados.

1.	sigldi	a.	kveða "dizer", "declarar"
2.	kom	b.	vera "ser", "estar"
3.	var	c.	taka "pegar"
4.	tók	d.	vera "ser", "estar"
5.	gaf	e.	gefa "dar"
6.	bǫrðusk	f.	fara "ir"
7.	þóttisk	g.	kalla "chamar"
8.	váru	h.	koma "vir", "chegar"
9.	hafði	i.	sigla "velejar"
10.	kallaði	j.	fá "obter", "tomar"
11.	kvað	k.	þykjask "considerar", "julgar"
12.	fekk	l.	hafa "ter"
13.	fór	m.	berjask "lutar"

6. Leitura adicional: continuação do cap. II da *Eiríks saga rauða*

Sigldi Eiríkr á haf undan Snæfellsjǫkli ok **kom** útan at jǫkli þeim er Hvítserkr heitir; hann **fór** þaðan suðr at leita ef þangat væri byggjanda. Hann **var** hinn fyrsta vetr í Eiríksey nær miðri hinni eystri byggðinni. Um várit eptir **fór** hann til Eiríksfjarðar ok **tók** sér þar bústað. Hann **fór** þat sumar í hina vestri óbyggð ok **gaf** þar víða ørnefni. Hann **var** annan vetr í Eiríkshólmum við Hvarfsgnípu, en hit þriðja sumar **fór** hann allt norðr til Snæfells ok inn í Hrafnsfjǫrð. Þá **þóttisk** hann kominn fyrir botn Eiríksfjarðar. Hverfr hann þá aptr ok **var** hinn þriðja vetr í Eiríksey fyrir mynni Eiríksfjarðar.

Eptir um sumarit **fór** hann til Íslands ok **kom** í Breiðafjǫrð. Hann **var** þann vetr með Ingólfi á Hólmlátri.

Um várit **bǫrðusk** þeir Þorgestr, ok **fekk** Eiríkr ósigr. Eptir þat **váru** þeir sættir. Þat sumar **fór** Eiríkr at byggja land þat er hann **hafði** fundit ok hann **kallaði** Grœnland, því at hann **kvað** þat menn mundu mjǫk fýsa þangat ef landit héti vel.

Verão na costa da Groenlândia em c. 1000, por Carl Rasmussen (1874).

Glossário

aptr adv. para trás, de volta, novamente
at prep. dat. em || marca de infinitivo || com sentido de propósito: para, de modo a, a fim de
bústaðr m. local de morada
byggð f. habitação, povoamento, terra habitada
byggja v. habitar, colonizar, povoar
bǫrðusk : lutaram (pret. de *berjask*)
ef conj. se
eptir prep. 1. ac. depois 2. dat. atrás de, no encalço de || *eptir um sumarit* no verão seguinte
eystri : que fica mais a leste, oriental
fundit : encontrado (part. pret. de *finna*) || *hann hafði fundit* ele havia encontrado
fyrir prep. diante de, em frente a
haf n. mar
hverfa v. voltar, voltar-se
inn adv. dentro, para dentro de
jǫkull m. geleira
kominn part. pret de *koma* || *þóttisk hann kominn fyrir botn Eiríksfjarðar* julgou ter chegado diante do fundo de Eiríksfjǫrðr (a narrativa aqui traz uma confusão geográfica, pois são dois fiordes distintos e distantes entre si; podemos interpretar que, adentrando Hrafnsfjǫrðr, Eiríkr avançara mais ao interior do que o fundo de Eiríksfjǫrðr)
kveða v. dizer, declarar, pronunciar || recitar, declamar
leita v. procurar
miðr adj. médio, medial, do meio
mynni n. boca, foz (de um fiorde, rio etc.)
norðr n. norte || adv. para o norte; no norte, a norte
nær adv. e prep. dat. perto, próximo || *nær miðri hinni eystri byggðinni* perto

do meio da colônia oriental (isto é: do local onde viria a ser construída a colônia oriental)

óbyggð f. região deserta, desabitada || *í hina vestri óbyggð* na parte ocidental desabitada

ósigr m. derrota

sér : para si

suðr n. sul || adv. para o sul; no sul, a sul

sumar (dat. sing. sumri, nom. pl. sumur) n. verão || *um sumarit* durante o verão, no verão || *hit þriðja sumar* no terceiro verão

sættir : reconciliados

til prep. gen. até, para

undan prep. dat. e adv. de baixo (movimento originado de sob), a partir de baixo, saído de baixo

útan adv. vindo de fora, saindo do exterior || da Islândia (a expressão denota muitas vezes um movimento com ponto de partida na Islândia: *fara útan*, "viajar da Islândia")

vár n. primavera || *um várit* durante a primavera, na primavera

vel adv. bem

vetr (gen. vetrar, nom. pl. vetr) m. inverno || *hinn fyrsta vetr* no primeiro inverno || þann vetr (n)aquele inverno || *annan vetr* (n)o segundo inverno || *hinn þriðja vetr* (n)o terceiro inverno

við prep. ac. e dat. com, contra, para, por, junto a

víða adv. amplamente, por muitos lugares

þaðan adv. de lá

þangat adv. para lá || *ef þangat væri byggjanda* se lá haveria terras habitáveis (também pode-se entender como: se lá haveria habitantes, o que parece menos coerente) || *hann kvað þat menn mundu mjǫk fýsa þangat ef landit héti vel* ele declarou que se a terra fosse bem denominada isso compeliria muitos homens (a irem) para lá

ørnefni n. nome de lugar, topônimo

Vocabulário a ser memorizado

at
ef
eiga
eptir
ey
haf
land
leita
norðr
rauðr
sigla
skip
suðr
sumar
vár
vel
vetr
þaðan
þangat
þá, þá er
þræll

Unidade 9

Leitura I: Leifr Eiríksson depara-se com novas terras (*Eiríks saga rauða*, V)

Eiríkr átti þá konu er Þjóðhildr hét ok tvá sonu; hét annarr Þorsteinn, en annarr Leifr; þeir váru báðir efniligir menn. Var Þorsteinn heima með feðr sínum, ok var eigi þá sá maðr á Grœnlandi, er jafn mannvænn þótti sem hann.

Leifr hafði siglt til Nóregs; var hann þar með Óláfi konungi Tryggvasyni. (...) Eitt sinn kom konungr at máli við Leif ok spyrr hann: „Ætlar þú til Grœnlands í sumar at sigla?" Leifr svaraði: „Þat ætla ek, ef sá er yðvarr vili." Konungr svaraði: „Ek get, at svá muni vel vera. Skaltu fara með ørendum mínum at boða kristni á Grœnlandi." Leifr kvað hann ráða mundu, en kvezk hyggja at þat ørendi mundi torflutt á Grœnlandi, en konungr kvezk eigi þann mann sjá er betr væri til fallinn en hann, — „ok muntu giptu til bera." „Þat mun því ateins," kvað Leifr, „at ek njóta yðvarr við."

Leifr lét í haf þegar hann var búinn. Leifr velkði lengi úti, ok hitti hann á lǫnd þau er hann vissi áðr øngva ván í. Váru þar hveitiakrar sjálfsánir ok vínviðr vaxinn; þar váru ok þau tré er mǫsurr heita, ok hǫfðu þeir af ǫllu þessu nǫkkur merki, sum tré svá mikil, at í hús váru lǫgð.

Leifr Eiríksson descobre a América, por Christian Krohg (1893).

Leitura II: A viagem de Bjarni Herjólfsson (*Grœnlendinga saga*, I)

Herjólfr var Bárðason Herjólfssonar. Hann var frændi Ingólfs landnámamanns. (...) Þorgerðr hét kona hans, en Bjarni sonr þeira, ok var inn efniligsti maðr. Hann fýstisk útan þegar á unga aldri; varð honum gott bæði til fjár ok mannvirðingar, ok var sinn vetr hvárt, útan lands eða með feðr sínum. Brátt átti Bjarni skip í fǫrum; ok inn síðasta vetr, er hann var í Nóregi, þá brá Herjólfr til Grœnlandsferðar með Eiríki ok brá búi sínu. (...) Herjólfr bjó á Herjólfsnesi; hann var inn gǫfgasti maðr.

Eiríkr rauði bjó í Brattahlíð. Hann var þar með mestri virðingu, ok lutu allir til hans. Þessi váru bǫrn Eiríks: Leifr, Þorvaldr ok Þorsteinn, en Freydís hét dóttir hans. (...) Heiðit var fólk á Grœnlandi í þann tíma. (...)

Bjarni retorna à Islândia e surpreende-se com a ida do pai à Groenlândia; decide não descarregar o navio e partir rumo à Groenlândia, para hospedar-se com o pai, como de costume, durante o inverno, e diz:

„Ok vil ek halda skipinu til Grœnlands, ef þér vilið mér fylgð veita."

Allir kváðusk hans ráðum fylgja vilja. Þá mælti Bjarni: „Óvitrlig mun þykkja vár ferð, þar sem engi vár hefir komit í Grœnlandshaf."

En þó halda þeir nú í haf, þegar þeir váru búnir, ok sigldu þrjá daga, þar til er landit var vatnat, en þá tók af byrina, ok lagði á norrœnur ok þokur, ok vissu þeir eigi, hvert at þeir fóru, ok skipti þat mǫrgum dœgrum. Eptir þat sá þeir sól ok máttu þá deila ættir.

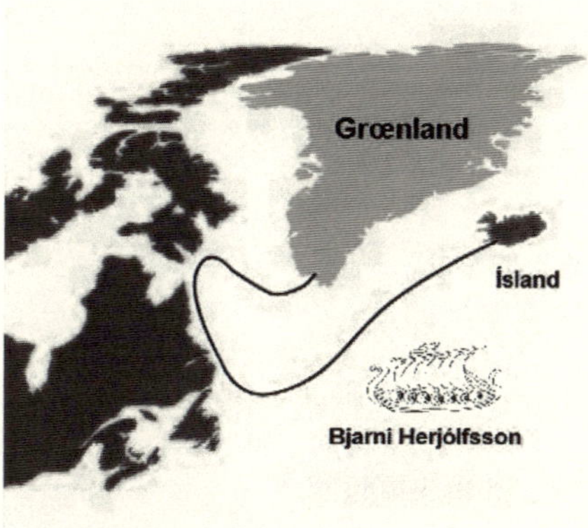

Vinda nú segl ok sigla þetta dœgr, áðr þeir sá land, ok rœddu um með sér, hvat landi þetta mun vera, en Bjarni kvezk hyggja at þat myndi eigi Grœnland. Þeir spyrja, hvárt hann vill sigla at þessu landi eða eigi.

Bjarni svarar: „Þat er mitt ráð, at sigla í nánd við landit." Ok svá gera þeir ok sá þat brátt, at landit var ófjǫllótt ok skógi vaxit, ok smár hæðir á landinu, ok létu landit á bakborða ok létu skaut horfa á land. Síðan sigla þeir tvau dœgr, áðr þeir sá land annat.

Þeir spyrja, hvárt Bjarni ætlaði þat enn Grœnland. Hann kvazk eigi heldr ætla þetta Grœnland en it fyrra, — „því at jǫklar eru mjǫk miklir sagðir á Grœnlandi." Þeir nálguðusk brátt þetta land ok sá þat vera slétt land ok viði vaxit. Þá tók af byr fyrir þeim. Þá rœddu hásetar þat, at þeim þótti þat ráð, at taka þat land; en Bjarni vill þat eigi. Þeir þóttusk bæði þurfa við ok vatn.

„At engu eru þér því óbirgir," segir Bjarni; en þó fekk hann af því nǫkkut ámæli af hásetum sínum. Hann bað þá vinda segl, ok svá var gǫrt, ok settu framstafn frá landi ok sigla í haf útsynnings byr þrjú dœgr ok sá þá land it þriðja; en þat land var hátt ok fjǫllótt ok jǫkull á; þeir spyrja þá, ef Bjarni vildi at landi láta þar, en hann kvazk eigi þat vilja, — „því at mér lízk þetta land ógagnvænligt."

Nú lǫgðu þeir eigi segl sitt, halda með landinu fram ok sá, at þat var eyland; settu enn stafn við því landi ok heldu í haf inn sama byr. (...)

Sigldu nú fjǫgur dœgr. Þá sá þeir land it fjórða. Þá spurðu þeir Bjarna, hvárt hann ætlaði þetta vera Grœnland eða eigi. Bjarni svaraði: „Þetta er líkast því, er mér er sagt frá Grœnlandi, ok hér munu vér at landi halda." Svá gera þeir. (...) Fór Bjarni nú til fǫður síns ok hættir nú siglingum ok er með fǫður sínum, meðan Herjólfr lifði, ok síðan bjó hann þar eptir fǫður sinn.

Glossário

af því : por isso
aldr m. idade || *þegar á unga aldri* logo na juventude
ateins (at eins) : apenas, só
á prep. em
áðr conj. antes || *áðr (en)* antes que
ámæli n. reprovação, censura
bað pret. de ► **biðja**
bakborði m. bombordo
báðir (báðar, bæði) pron. ambos
biðja v. pedir, rogar
bjó pret. de *búa*
boða v. anunciar, proclamar; pregar; oferecer, ordenar
brá : pret. de ► **bregða**
brátt adv. logo
bregða (brá) v. mover, mudar || abandonar, deixar || *brá búi sínu* abandonou sua fazenda
búinn adj. (part. pret. de *búa*) pronto
byrr m. vento favorável, vento brando || *tók af byrina* os ventos favoráveis cessaram || *tók af byr* a aragem cessou
bæði... ok : tanto ... quanto
dagr m. dia
deila v. dividir || distinguir
dœgr n. dia (período de 12 horas) || sinônimo de *dagr*, dia, período de 24 horas (o termo muitas vezes traz ambiguidade)
eða conj. ou
ef conj. se
efniligr adj. promissor
efniligsti : (o) mais promissor
einn (ein, eitt) num. um
en þó : contudo, não obstante
engi pron. ninguém
enn adv. ainda || também, novamente
eptir prep. (com ac.) em sucessão a
eru þér : eruð þér
eyland n. ilha
fá v. obter, receber || dar, prover
fekk pret. de ► **fá**
ferð f. viagem
fjǫgur num. card. quatro (n.)
fjǫllóttr adj. montanhoso
fjórða num. ord. quarto (n. concordando com *land*)
fǫr f. viagem || *skip í fǫrum* um navio em viagens de comércio
fólk n. gente, povo
framstafn n. proa
frændi m. parente
fylgð f. acompanhamento, auxílio
fylgja (fylgða) v. seguir, acompanhar
fýstisk : sentiu desejo, sentiu-se impelido (pret. med. de *fýsa*)

gera (gøra) v. fazer
geta v. (1) obter; (2) supor || *ek get at...* eu suponho que, eu creio que
gǫfgasti : (o) mais nobre, venerável
gǫrt part. pret. de *gera (gøra)* || *svá var gǫrt* assim foi feito
Grœnlandshaf n. mar da Groenlândia
haf n. mar
halda v. segurar, manter || considerar || *halda skipinu* levar o navio, conduzir o navio, ir com o navio || *halda með landinu fram* seguem costeando || *halda í haf* fazer-se ao largo, seguir para o mar aberto || *halda at landi* seguir para terra
hár adj. alto
háseti m. remador, tripulante
heiðinn (heiðin, heiðit) adj. pagão
heima adv. em casa
heldr adv. comp. mais, antes (equivalente ao ingl. *rather*)
heldu pret. de ▶ **halda**
hitta v. encontrar, deparar-se com
hitti pret. de ▶ **hitta**
horfa v. voltar-se, olhar, estar virado
hvárt : se || *var sinn vetr hvárt...* passava alternadamente um inverno (no exterior e um na Islândia)
hveitiakr m. campo de trigo
hvert adv./pron. aonde || *hvert at þeir fóru* aonde eles iam, para onde iam
hyggja v. pensar, crer; pretender
hæð f. colina, elevação
hætta v. cessar, parar
í sumar : neste verão
jafn adv. igualmente
jǫkull m. geleira || *ok jǫkull á* e geleira em, isto é, e havia uma geleira nela (na terra)
komit part. pret. de *koma* || *hefir komit* já veio, já foi
kristni f. cristianismo
kvað pret. de ▶ **kveða**
kvazk : pret. de ▶ **kveðask**
kváðusk : de ▶ **kveðask**
kveða (kvað) *v.* dizer, declarar (+ ac. e inf.) || *kvað hann ráða mundu* disse que ele decidiria, disse que seria como ele decidisse/ordenasse
kveðask v. med. declarar (+ inf.) || *Hann kvazk eigi heldr ætla þetta Grœnland en it fyrra* ele disse não julgar esta mais a Groenlândia do que a anterior (isto é: ele disse que não julgava que esta terra fosse mais a Groenlândia do que a terra anterior) || *hann kvazk eigi þat vilja* ele disse não desejar isso || *Allir kváðusk hans ráðum fylgja vilja* todos declararam desejar seguir seus conselhos/suas ordens || *kvezk eigi þann mann sjá, er betr væri til fallinn en hann* declara não ver aquele homem que seja mais apropriado do que ele || *kvezk hyggja, at þat ørendi mundi torflutt á Grœnlandi* declara pensar que aquela missão seria difícil de realizar na Groenlândia || *kvezk hyggja at þat myndi eigi Grœnland* declara pensar que esta não seria a Groenlândia
kvezk pres. de ▶ kveðask (na voz ativa, a 3a. pessoa é *kveðr*; na voz média, com o suxifo -sk, teríamos **kveðrsk*; após assimilação do **r** ao **s**, temos *kveðsk*, que normalmente se escreve *kvezk*)
lagði pret. de ▶ **leggja**
land n. terra
landnámamaðr m. colonizador, "tomador de terras" (em referência ao processo de colonização da Islândia, *landnám* "tomada de terras", de *nema* e *land*)
láta v. pôr, colocar; deixar, abandonar; deixar ir, soltar || *láta í haf* pôr (o navio) em alto mar, zarpar, fazer-se ao largo || *láta at landi* seguir para a terra, aportar

leggja v. pôr, colocar || *leggja segl* arriar a vela
lengi : por um longo tempo
létu pret. de ► **láta**
lifa v. viver
líkast : mais parecido || *líkast því, er mér er sagt frá* mais parecido com o que me é dito sobre
líta v. olhar, ver, enxergar || med. **lítask** parecer (a alguém, no dat.)
lízk : de lítask (*lítr-sk)
lǫgð : part. pret. do verbo *leggja* || *váru lǫgð* foram postas
logðu pret. de ► **leggja**
lutu pret. de ► **lúta**
lúta v. curvar-se (diante de alguém, em sinal de reverência)
lætr pres. de láta
mannvænn adj. promissor
mál n. caso | fala | língua || *koma at máli við* ter uma conversa com, dirigir a palavra a
máttu pret. de ► **mega**
með prep. com
meðan conj./adv. enquanto
mega (mátta) v. poder
merki n. sinal, indício
mestri virðingu : máxima honra (dat.)
mǫsurr m. bordo (árvore)
mun : aux. de futuro || *mun vera* será || *mun þykkja* parecerá || *hvat landi þetta mun* vera que terra será essa
muni subj. de *munu* || *at svá muni vel vera* que assim estará bem (que assim esteja bem)
muntu (munt þú) : aux. de futuro e pronome || *muntu giptu til bera*: terás boa sorte para isso
munu vér (vér munum) : auxiliar de futuro na primeira pessoa pl.
mæla (mælta) v. falar
nálgask v. aproximar-se
nálguðusk pret. de ► **nálgask**
nánd f. proximidade, vizinhança || *í nánd við* perto de, nas cercanias de, próximo a
njóta v. fazer uso de, usufruir || *at ek njóta* yðvarr *við* se eu contar também com a vossa
nǫkkur : alguns (n. pl. concordando com *merki*) || **nǫkkut** (n. sing.) concordando com ámæli
norrœna f. vento norte
óbirgr adj. desprovido || *at engu eru þér því óbirgir* não estais desprovidos de nada disso
ófjǫllóttr adj. sem montanhas, plano
ógagnvænligr adj. não lucrativo, que não aparenta oferecer coisas úteis
óvitrligr adj. tolo, insensato
rœða (rœdda) v. falar || *rœddu um með sér* falaram entre si, deliberaram
sagðir part. pret. de *segja* : ditos
samr adj. mesmo || *inn sama byr* o mesmo vento
sá pret. de *sjá*
segl n. vela
sem conj. como
setja v. pôr, colocar, dirigir
settu pret. de ► **setja**
sigling f. navegação
siglt particípio de *sigla :* velejado || *hafði siglt* tinha velejado, velejara
sinn n. vez || *eitt sinn* uma vez, certa vez
sinn (sín, sitt) pron. poss. refl. seu
sitt : sua (n. sing. ac. do possessivo reflexivo ► **sinn**, concordando com *segl*)
síðan adv. em seguida, depois
síðasta : último
síns pron. poss. refl. gen. sing. m., concordando com *fǫður*
sínum : seu (m. pl./sing. dat. do possessivo reflexivo sinn, sín, sitt, concordando com *feðr/fǫður*)

sjálfsáinn : "semeado por si mesmo", i.e. selvagem
skaltu : (skalt þú) aux. de futuro e pronome
skaut n. canto da vela
skipta v. dividir, repartir || acontecer, dar-se || *skipti þat mǫrgum dœgrum* isso durou por muitos dias
skógr m. floresta
sléttr adj. plano, nivelado
smár adj. pequeno
spurðu pret. de ► spyrja
spyrja (spurða) v. perguntar
stafn m. extremidade do navio (popa ou proa; aqui, pelo contexto, trata-se da popa) || *settu enn stafn við því landi* viraram novamente a popa para a terra
sumr (sum, sumt) adj. algum
svara v. responder
taka v. pegar || *taka þat land* aportar naquela terra, ancorar junto àquela terra
tími m. tempo
tók pret. de ► **taka**
tvá, tvau : dois
útan (gen.) : de fora (a expressão denota muitas vezes um movimento com ponto de partida na Islândia: *fara útan*, "viajar da Islândia")
úti adv. fora || em mar aberto
útsynningr m. vento sudoeste
varð : pretérito de ► **verða** || *varð honum gott bæði til fjár ok mannvirðingar*: ele obteve tanto riqueza quanto honra
vatn n. água || lago
vatnat part. pret. de *vatna* : *landit var vatnat* a terra desapareceu no horizonte (literalmente, afundou na água)
vaxinn (particípio de *vaxa*) : crescido || *skógi vaxit* coberta por floresta || *viði vaxit* coberto de árvores

veita (veitta) v. conceder; oferecer ajuda
velkja (velkta/velkða) v. ser arrastado sem rumo, estar à deriva
viðr m. árvore || floresta || lenha
vili m. vontade
vilja (vilda) v. desejar
vinda v. torcer, enrolar || *vinda segl* levantar velas
vissi, vissu : pretérito de ► **vita**
vita v. saber || *er hann vissi áðr øngva ván í* que ele não tinha antes nenhuma expectativa (de encontrar)
vínviðr m. parreira
þar sem : uma vez que, já que
þar til er : até que
þegar adv. imediatamente || conj. quando, assim que, tão logo
þetta pron. n. este || isto
þoka f. neblina, nevoeiro
þótti pret. de ► **þykja**
þóttusk pret. de ► **þykjask**
þriðja num. ord. terceiro (n. sing. concordando com *land*)
þrjá daga : por três dias
þrjú dœgr : por três dias
þurfa v. precisar
þyk(k)jask v. med. julgar, pensar, parecer para si + inf.
þyk(k)ja v. parecer (com dativo, parecer a alguém) || *þeim þótti þat ráð* pareceu-lhes aconselhável
ætla (ætlaða) v. 1. (+ infinitivo) ter intenção de, pretender || 2. julgar, considerar (+ inf.)
ætt f. direção, ponto cardeal
ørendi (também **erendi**) n. mensagem, missão

Gramática

9.1. Pretérito de verbos fortes: diferenças no radical no singular e plural

Você pôde observar que diversos verbos fortes apresentam, no pretérito, um radical diferente no singular e outro no plural. A diferença pode ser sutil, com um alongamento da vogal no plural (cf. pretérito de *gefa*: *ek gaf, vér gáfum*) ou pode conter irregularidades maiores (cf. pretérito de *búa*: *ek bjó, vér bjuggum/bjoggum*). Para conhecer o radical de pretérito de um verbo forte, como já dissemos na Unidade 8, é necessário consultar um dicionário. Sempre que você aprender um verbo, é recomendável memorizar a sua forma de presente e de pretérito, pois esta última não pode ser simplesmente deduzida a partir do infinitivo. É importante, igualmente, memorizar os radicais de pretérito de singular e plural.

9.2. Alguns verbos irregulares: presente e pretérito

Presente:

infinitivo	*vita*	*vilja*	*þurfa*	*verða*	*ganga*	*fá*
ek	**veit**	**vil**	**þarf**	**verð**	**geng**	**fæ**
þú	**veizt**	**vill/vilt**	**þarft**	**verðr**	**gengr**	**fær**
hann, hon, þat	**veit**	**vill**	**þarf**	**verðr**	**gengr**	**fær**
vér, vit	**vitum**	**viljum**	**þurfum**	**verðum**	**gǫngum**	**fám**
þér, þit	**vituð**	**vilið**	**þurfuð**	**verðið**	**gangið**	**fáið**
þeir, þær, þau	**vitu**	**vilja**	**þurfu**	**verða**	**ganga**	**fá**

Pretérito:

ek	vissa	vilda	þurfta	varð	gekk	fekk
þú	vissir	vildir	þurftir	vart	gekkt	fekkt
hann, hon, þat	vissi	vildi	þurfti	varð	gekk	fekk
vér, vit	vissum	vildum	þurftum	urðum	gengum	fengum
þér, þit	vissuð	vilduð	þurftuð	urðuð	genguð	fenguð
þeir, þær, þau	vissu	vildu	þurftu	urðu	gengu	fengu

Os verbos *vita, vilja* e *þurfa* apresentam pretérito fraco, mas sua forma de presente é irregular (*vita* é irregular também no pretérito por não apresentar o sufixo *-ð*, mesmo tendo as desinências fracas). No presente, *vita* e *þurfa* apresentam as desinências de pretérito. O verbo *vilja*, por sua vez, apresenta flutuação no singular. A forma *vill* de terceira pessoa seria regular para verbos fortes (*vil-*, **vil-r*, **vil-r*, com assimilação do **r** na segunda e terceira pessoa), mas existe a forma *vilt* (e até mesmo *villt*), com a desinência -t de pretérito. Os verbos *verða, ganga* e *fá* são fortes, mas note o radical de pretérito bastante diferente. Note a contração em *fám* (*fá-um*). No caso do pretérito de *verða*, pode-se explicar mais facilmente a irregularidade: lembre-se de que **v** em fases mais arcaicas do idioma era /w/, e que esse som semivocálico se perde antes de **u**. Assim, teríamos **wurðum* etc., com a vogal **u** sendo também explicada pela mutação labial. Na prática, porém, é mais fácil simplesmente memorizá-lo como um verbo irregular.

9.3. Auxiliares de futuro *munu* e *skulu*

O nórdico não possui conjugação de futuro propriamente dita, isto é, uma forma verbal sintética equivalente ao português "farei", "irei" etc. A maneira mais simples, morfologicamente, de expressar futuro é com o tempo verbal no presente do indicativo (algo que é possível, também, em português: "amanhã eu faço isso"). Entretanto, há algumas formas que expressam mais especificamente o futuro em nórdico, e elas são construídas por meio de verbos auxiliares, a exemplo do que se dá com o inglês (*I will do*, *I shall do*) e muitas outras línguas. Os auxiliares de futuro básicos são *skulu* e *munu* (estas são suas formas de infinitivo). Nem *munu* nem *skulu* são futuros "neutros". É necessário observar que a expressão de futuro está sempre relacionada a algum tipo de atitude subjetiva com relação ao porvir: diferentemente do pretérito e presente do indicativo, o futuro não é uma realidade descrita objetivamente pela língua. Assim, os auxiliares de futuro trazem consigo outras nuances (probabilidade, possibilidade, necessidade, obrigação, certeza).

Os verbos *munu* e *skulu* conjugam-se no presente com as desinências de pretérito dos verbos fortes (assim como os verbos *eiga, þurfa* e *vita*):

infinitivo	*munu*	*skulu*
ek	mun	skal
þú	mun**t**	skal**t**
hann, hon, þat	mun	skal
vér, vit	mun**um**	skul**um**
þér, þit	mun**uð**	skul**uð**
þeir, þær, þau	mun**u**	skul**u**

As formas acima são de presente do indicativo e, isoladas, é difícil traduzi-las em português. Estes verbos possuem formas de pretérito e de subjuntivo também, com as quais você ocasionalmente se deparou nas leituras. Por enquanto, veremos apenas a formação do futuro do indicativo, que é montado com as formas de presente do indicativo acima de *munu* e *skulu* acompanhadas do **infinitivo** do verbo principal. Assim, observe a conjugação de futuro de *fara*, com os dois auxiliares:

infinitivo	*fara munu*	*fara skulu*
ek	**mun fara**	**skal fara**
þú	**munt fara**	**skalt fara**
hann, hon, þat	**mun fara**	**skal fara**
vér, vit	**munum fara**	**skulum fara**
þér, þit	**munuð fara**	**skuluð fara**
þeir, þær, þau	**munu fara**	**skulu fara**

Da mesma maneira são conjugados todos os verbos no futuro com *munu* e *skulu*. A diferença de significado entre **ek mun fara** e **ek skal fara** centra-se basicamente na modalidade. Ambas as formas, muitas vezes, podem ser igualmente traduzidas pelo futuro do português, mas **munu** é mais usado quando o futuro comporta um elemento de incerteza ou probabilidade, ao passo que **skulu** é mais enfático, seja com relação à certeza do futuro quanto com uma nuance de obrigação ou necessidade. Assim, especialmente na segunda pessoa, **skulu** traz uma nuance de comando ou exortação.

Quando diretamente antepostos aos pronomes de primeira pessoa plural e dual, é comum a elisão do **m** final da desinência (*skulu vit fara*, *munu vér segja* etc., em lugar de *skulum vit*, *munum vér* etc.).

9.4. Complemento verbal com infinitivo e com *at* + infinitivo

Você viu no item anterior como os auxiliares *munu* e *skulu* compõem-se com infinitivos para formarem o tempo futuro. Assim como ocorre no português (*quero fazer*, *pretendo fazer*; *quero que tu aprendas*), a complementização verbal no nórdico pode dar-se com ou sem complementizador (conjunção). Muitos verbos que tomam como complemento outro verbo no infinitivo precisam da partícula complementizadora *at*, que é muitas vezes equivalente ao inglês *to*, operando como marcador de infinitivo. O verbo *kunna* (saber, poder) costuma tomar como complemento um verbo no infinitivo por meio da partícula *at*: *En ek kann þér þat* ***at segja***... (*mas eu posso te dizer* *isto...*). Aqui, o infinitivo *segja* serve como complemento de *kann*, e é precedido de *at*. Outros verbos tomam como complemento somente o infinitivo, a exemplo de *munu* e *skulu*: *þá vil ek mér **láta** grǫf grafa...* (*então eu quero mandar cavar uma cova para mim...*). Aqui, *láta* serve como complemento de *vil*.

Exercícios

1. Nas frases abaixo, identifique os verbos, verifique se estão no presente, no futuro ou no pretérito e dê a forma de infinitivo deles.

1. „Þetta mun svá vera," segir Gizurr.
2. „Ek skal þá sjálfr ganga til hans," segir Þórólfr.
3. Þér skuluð ríða þegar á morgin.
4. En vér munum fara til þings.
5. Einarr fór til Íslands.
6. Hvar skal ek sitja?
7. Þegar skal ek láta þik hafa silfr, er ek veit, er þú þarft, en ek veit, at þú munt enn hafa at varðveita eina kistu eða tvær, fullar af silfri.
8. Þá mælti Gangleri: „Hvar er hǫfuðstaðrinn eða helgistaðrinn goðanna?" Hár svaraði: „Þat er at aski Yggdrasils. Þar skulu guðin eiga dóma sína hvern dag."
9. Fær Hǫskuldr þar til bús allt þat, er hafa þurfti, ok fór Óláfr, sonr þeira, með henni.

2. Traduza as frases do exercício anterior.

3. Traduza para o nórdico, usando como modelo as frases do exercício 1 indicadas entre parênteses:

1. Atli foi à Islândia. (cf. 5)
2. Nós fomos a Constantinopla. (cf. 5)
3. Onde nós dois deveremos nos sentar? (cf. 6)
4. Mas eles irão à Groenlândia. (cf. 4)

5. "Ela mesma então caminhará até nós," dizem os homens. (cf. 2)
6. Vocês deverão velejar imediatamente pela manhã. (cf. 3)
7. Leifr irá a Vínland. (use *munu* e *fara*; Vínland é neutro, como Grœnland).

4. Relacione os pretéritos aos infinitivos nos dois quadros abaixo. Na coluna da esquerda, você encontra a primeira pessoa do singular e do plural do pretérito, e na coluna da direita os infinitivos.

1.	hjó, hjoggum	a.	binda
2.	greip, gripum	b.	bíða
3.	braut, brutum	c.	brjóta
4.	gekk, gengum	d.	búa
5.	bjó, bjoggum	e.	fá
6.	batt, bundum	f.	finna
7.	skaut, skutum	g.	ganga
8.	fekk, fengum	h.	grípa
9.	beið, biðum	i.	hǫggva
10.	fann, fundum	j.	ráða
11.	réð, réðum	k.	skjóta

1.	bað, báðum	a.	bera
2.	gaf, gáfum	b.	biðja
3.	varð, urðum	c.	bjóða
4.	hét, hétum	d.	gefa
5.	nam, námum	e.	halda
6.	kvað, kváðum	f.	heita
7.	bar bárum	g.	koma
8.	tók, tókum	h.	kveða
9.	kom, kómum	i.	nema
10.	bauð, buðum	j.	taka
11	hélt, héldum	k.	verða

5. Leitura adicional: Njáll dá conselhos a Gunnarr e prevê o futuro (*Brennu-Njáls saga*, LV)

O sábio Njáll, ilustração do manuscrito Lbs. 3505 4to., séc. XVII.

Gunnarr reið til Bergþórshváls ok sagði Njáli verk þessi. Njáll mælti: „Mikit hefir þú at gǫrt, ok hefir þú verit mjǫk at þreyttr." „Hversu mun nú ganga síðan?" segir Gunnarr. „Villt þú, at ek segja þér þat," segir Njáll, „er eigi er fram komit? Þú munt ríða til þings, ok muntú njóta við ráða minna ok fá af þessu ina mestu sœmð. Mun þetta upphaf vígaferla þinna." „Ráð þú mér heilræði nǫkkur," segir Gunnarr. „Ek skal þat gera," segir Njáll; „veg þú aldri meir í inn sama knérunn en um sinn ok rjúf aldri sætt þá, er góðir menn gera meðal þín ok annarra, ok þó sízt á því máli." Gunnarr mælti: „Ǫðrum ætlaða ek, at þat skyldi hættara verða en mér." „Svá mun vera," segir Njáll, „en þó skaltú svá um þitt mál hugsa, ef þetta berr saman, at þá munt þú skammt eiga ólifat, en ella munt þú verða gamall maðr." Gunnarr mælti: „Veizt þú, hvat þér mun verða at bana?" „Veit ek," segir Njáll. „Hvat?" segir Gunnarr. „Þat, sem allir munu sízt ætla," segir Njáll. Síðan reið Gunnarr heim.

Analise as formas de futuro encontradas e observe em quais situações o texto emprega *munu* e em quais *skulu*. Há uma diferença nítida de significado?

Glossário

aldri adv. nunca
at conj. que
at prep. em, a, para
bera v. levar, carregar || *bera saman* coincidir
ella adv. e conj. do contrário
fá v. obter || prover, dar
fram komit (koma fram) : ocorrido, realizado
gamall adj. velho
ganga v. andar || *hversu mun nú ganga síðan* como ficarão as coisas em seguida, o que acontecerá na sequência
gera/gøra v. fazer
gǫrt (part. pret. de **gørva**) : *mikit hefir þú at gǫrt* tu praticaste um grande feito, praticaste algo grande
heilræði n. conselho são (i.e. prudente, sábio)
heim adv. para casa
hugsa v. pensar
hvat pron. interrog. o quê?
hversu adv. como
knérunnr m. linhagem, estirpe || *veg þú aldri meir í inn sama knérunn en um sinn* nunca mates mais do que uma vez dentro da mesma linhagem (não mates mais do que um homem da mesma família)
mál n. caso || fala || língua
meðal prep. gen. entre
meir : mais
mestu superl. maior (ac. f. sing)
muntú : contração de *munt þú*
mæla v. falar, pronunciar
njóta v. usufruir || *njóta við* receber ajuda de
nǫkkur pron. indef. n. pl. alguns (concordando com *heilræði*)
nú adv. agora
ráð : imper. de *ráða*
ráða v. aconselhar, planejar, governar
reið pret. de *ríða*
rjúf imper. de **rjúfa** v. quebrar, romper
sagði pret. de *segja*
sem pron. rel. que || conj. como
síðan adv. em seguida
sízt : menos
skaltú : contração de *skalt þú*
skammr adj. breve, curto || *skammt ólifat* pouco tempo por viver
sœmð f. honra
sætt f. reconciliação, acordo
um prep. em torno de || sobre, a respeito de || durante || por cima de, através
upphaf n. início
verða v. tornar-se || *verða at bana* ser a causa da morte, causar a morte
verit part. pret. de vera || *hefir þú verit mjǫk at þreyttr* tu foste muito provocado
verk n. obra, feito, trabalho
vilja v. querer, desejar || *villt (vilt) þú, at ek segja...* tu queres que eu diga...
vígaferli n. pl. matanças, assassínios, homicídios
þessi : esses, estes (n. pl. concordando com *verk*)
þessu : isso, isto (dat.)
þetta pron. dem. isto, isso || *ef þetta berr saman* se isso coincidir, se essas coisas ocorrerem
þing n. assembleia
þó adv. contudo, entretanto || *ok þó* e sobretudo
ætla v. julgar, supor
ǫðrum dat. pl. de *annarr* || *Ǫðrum ætlaða ek, at þat skyldi hættara verða en mér* Eu julgava que isso seria mais arriscado para outros do que para mim

Vocabulário a ser memorizado

aldri
áðr
bera
biðja
dœgr
enn
fá
gera
halda
jǫkull
mega
mæla
sem
síðan
skógi vaxinn
skógr
sléttr
um
þegar
þurfa
ætla

Unidade 10

Leitura: Leifr Eiríksson parte para investigar as terras avistadas por Bjarni Herjólfsson (*Grœnlendinga saga*, II-III).

Após a chegada de Bjarni à Groenlândia, notícias sobre as novas terras que ele encontrara logo se espalharam. Leifr Eiríksson comprou o navio de Bjarni, reuniu uma tripulação e preparou-se para partir em busca daquelas terras.

Fór Eiríkr heim í Brattahlíð, en Leifr rézk til skips ok félagar hans með honum, hálfr fjórði tøgr manna. Þar var suðrmaðr einn í ferð, er Tyrkir hét.

Leifr Eiríksson. Estátua no centro de Reykjavík, do escultor Alexander Stirling Calder.

Nú bjuggu þeir skip sitt ok sigldu í haf, þá er þeir váru búnir, ok fundu þá þat land fyrst, er þeir Bjarni fundu síðast. Þar sigla þeir at landi ok kǫstuðu akkerum ok skutu báti ok fóru á land ok sá þar eigi gras. Jǫklar miklir váru allt it efra, en sem ein hella væri allt til jǫklanna frá sjónum, ok sýndisk þeim þat land vera gœðalaust.

Þá mælti Leifr: „Eigi er oss nú þat orðit um þetta land sem Bjarna, at vér hafim eigi komit á landit. Nú mun ek gefa nafn landinu ok kalla Helluland." Síðan fóru þeir til skips.

Eptir þetta sigla þeir í haf ok fundu land annat; sigla enn at landi ok kasta akkerum, skjóta síðan báti ok ganga á landit. Þat land var slétt ok skógi vaxit, ok sandar hvítir víða, þar sem þeir fóru, ok ósæbratt. Þá mælti Leifr: „Af kostum skal þessu landi nafn gefa ok kalla Markland." Fóru síðan ofan aptr til skips sem fljótast.

Nú sigla þeir þaðan í haf landnyrðingsveðr ok váru úti tvau dœgr, áðr þeir sá land, ok sigldu at landi ok kómu at ey einni, er lá norðr af landinu, ok gengu þar upp ok sásk um í góðu veðri ok fundu þat, at dǫgg var á grasinu, ok varð þeim þat fyrir, at þeir tóku hǫndum sínum í dǫggina ok brugðu í munn sér ok þóttusk ekki jafnsœtt kennt hafa, sem þat var.

Síðan fóru þeir til skips síns ok sigldu í sund þat, er lá milli eyjarinnar ok ness þess, er norðr gekk af landinu; stefndu í vestrætt fyrir nesit. Þar var grunnsævi mikit at fjǫru sjávar, ok stóð þá uppi skip þeira; ok var þá langt til sjávar at sjá frá skipinu. En þeim var svá mikil forvitni á at fara til landsins, at þeir nenntu eigi þess at bíða, at sjór felli undir skip þeira, ok runnu til lands, þar er á ein fell ór vatni einu; en þegar sjór fell undir skip þeira, þá tóku þeir bátinn ok reru til skipsins ok fluttu þat upp í ána, síðan í vatnit, ok kǫstuðu þar akkerum ok báru af skipi húðfǫt sín ok gerðu þar búðir; tóku þat ráð síðan, at búask þar um þann vetr, ok gerðu þar hús mikil. Hvárki skorti þar lax í ánni né í vatninu, ok stœrra lax en þeir hefði fyrr sét. Þar var svá góðr landskostr, at því er þeim sýndisk, at þar myndi engi fénaðr fóðr þurfa á vetrum; þar kómu engi frost á vetrum, ok lítt rénuðu þar grǫs. Meira var þar jafndœgri en á Grœnlandi eða Íslandi; sól hafði þar eyktar stað ok dagmála stað um skammdegi. (...) Leifr var mikill maðr ok sterkr, manna skǫruligastr at sjá, vitr maðr ok góðr hófsmaðr um alla hluti.

Certa vez, Tyrkir desapareceu por um tempo, e, após buscas, ele retorna ao acampamento. Leifr muito se alegra ao reencontrá-lo, pois desde criança nutria muito afeto pelo companheiro alemão, a quem tinha como pai de criação.Tyrkir havia encontrado uvas.Após passarem aquele inverno na nova terra, preparam-se para o retorno à Groenlândia.

Ok er várar, þá bjuggusk þeir ok sigldu burt, ok gaf Leifr nafn landinu eptir landkostum ok kallaði Vínland. Sigla nú síðan í haf, ok gaf þeim vel byri, þar til er þeir sá Grœnland ok fjǫll undir jǫklum.

Glossário

at því er : conforme, tal qual
á f. rio
báru pret. de *bera*
bátr m. bote
bíða (beið, biðum) v. esperar
bjuggu : pret. de *búa*
bjuggusk (de *búask*) : aprontaram-se, prepararam-se
bregða (brá, brugðum) v. mover, mudar || abandonar, deixar || *brugðu í munn sér* levaram à sua boca
brugðu pret. de ► **bregða**
burt adv. embora, para longe
búask v. med. de *búa* || *búask þar um þann vetr* se instalarem lá naquele inverno
búð f. morada temporária, tenda
búnir : prontos (pl. de *búinn*, part. pret. de *búa*)
byrr m. vento favorável, vento brando || *gaf þeim vel byri* soprou para eles vento favorável
dagmál n. pl. hora do dia equivalente às 09:00 da manhã na contagem moderna || *dagmála staðr* posição do sol nessa hora
dǫgg f. orvalho
efra : parte superior || *allt it efra* por toda a parte alta (isto é, montanhas)
ein num. f. uma (concordando com *á*)
einn num. m. um
einni num. f. uma (dat. concordando com *ey*)
einu num. n. dat. um (concordando com *vatni*)
engi pron. nenhum (n. pl.)
eptir prep. 1. ac. depois 2. dat. atrás de, no encalço de || *eptir landskostum* por conta das riquezas naturais
eykt f. hora do dia equivalente às 15:30 na contagem moderna || *eyktar staðr (eyktarstaðr)* posição do sol nessa hora
falla v. cair || fluir (rio, mar)
felli subj. de ► **falla** : caísse, fluísse || *at sjór felli undir skip þeira* : que o mar subisse embaixo de seu navio (complemento de *bíða*)
ferð f. viagem
félagi m. companheiro
finna (fann, fundum) v. achar, encontrar || perceber
fjall n. montanha
fjara f. maré baixa || praia, costa

fljótast : (o) mais rápido || *sem fljótast* o mais depressa, o mais rapidamente
fluttu pret. de ► **flytja**
flytja (flutta) v. carregar, transportar
forvitni f. curiosidade || *þeim var svá mikil forvitni á at fara til landsins, at* eles estavam tão curiosos (havia para eles tanta curiosidade) para irem à terra que
frost n. gelo, geada, frio congelante
fundu : pret. de ► **finna**
fyrir prep. diante de, para a frente de
fyrst : primeiramente
gekk pret. de *ganga*
gengu pret. de *ganga*
gras n. relva, vegetação
grunnsævi n. água rasa
gœðalauss (-laus, -laust) adj. desprovido de coisas boas, de coisas úteis
hafim : subj. de *hafa* || *at vér hafim... á landit* de nós não termos desembarcado
hálfr : meio || *hálfr fjórði tøgr manna* trinta e cinco homens (meia quarta dezena de homens)
heim adv. para casa
hella f. rocha chata, placa de rocha
hófsmaðr m. homem moderado, temperado, justo
húðfat n. saco de dormir ou rede de dormir
hús n. casa
hvárki : nem || *hvárki... né* nem... nem
hǫndum sínum : com suas mãos
jafndœgri n. duração igual entre o dia e a noite
kalla (-ða) v. chamar
kasta (-ða) v. lançar, jogar
kostr m. escolha, alternativa, condição || recurso
landnyrðingsveðr : com vento nordeste
land(s)kostr m. riquezas da terra
langt : longe, longa distância
lax m. salmão
lá pret. de ► **liggja**
lágu pret. de ► **liggja**
liggja (lá; algum) v. jazer, estar situado, ficar || permanecer ancorado (um navio)
lítt adv. pouco
Markland n. Terra da Floresta
meira : mais || *meira... en* mais... do que
milli prep. (gen.) entre
munnr m. boca
myndi subj. pret. de *munu* || *at þar myndi engi fénaðr fóðr þurfa á vetrum* que lá o gado não precisaria de forragem para o inverno
nenna (-ta) v. estar disposto (a algo)
nes n. cabo, península
ofan adv. para baixo, de cima
orðit : ocorrido, acontecido || *eigi er oss nú þat orðit* não aconteceu conosco agora
ór prep. de, para fora de, a partir de
ósæbráttr adj. não íngreme na costa (isto é, a costa não termina num penhasco sobre o mar)
ráð n. plano, conselho, decisão || *taka ráð* decidir
renna (rann, runnum) v. correr
reru pret. de ► **róa**
réna (-aða) v. fenecer
rézk pret. reflexivo de *ráða* || *rézk til skips* embarcou no navio
róa (pret. reri, reyri ou røri) v. remar
runnu pret. de ► **renna**
sandr m. areia; praia
sá pret. de *sjá*
sásk um : olharam à sua volta
sem : como || que || *þar sem þeir fóru* aonde eles foram, por onde eles passaram
síðast : por último
sitt : seu (pron. possessivo reflexivo n. sing. nom./ac.)

sín : seus (pron. possessivo reflexivo n. pl. nom./ac.)
síns : seu (pron. possessivo reflexivo n./m. sing. nom.)
sjár (gen sjávar; também formas alternativas: sjór, gen. sjóvar; sær, gen. sævar) m. mar
sjávar gen. de ► **sjár**
skammdegi n. dia curto de inverno
skjóta (skaut, skutum) v. atirar, arremessar, lançar
skorta (presente skorti; pret. skorta) v. faltar, carecer, estar carente (de algo)
skutu pret. de ► **skjóta**
skǫruligastr adj. superl. (de *skǫruligr*) (o) mais imponente
sléttr adj. plano, chato, nivelado
stefna (-da) v. dirigir-se para, voltar-se para
stóð pret. de *standa* || *stóð uppi skip* o navio encalhou
stœrra comp. maior || *stœrra lax en þeir hefði fyrr sét* salmões maiores (sing. no original) do que eles já haviam visto até então
suðrmaðr m. homem do sul (entenda-se "sul" com referência à Escandinávia, no caso trata-se de um alemão, como se vê na sequência)
sund n. estreito, canal
svá assim || tanto: *svá mikil .... at þeir* tanta curiosidade... que eles
sýndisk : pareceu (com dativo, pareceu para, de *sýnask*)
tvau : dois
undir prep. embaixo, por baixo
upp adv. acima, para cima || *upp í ána* rio acima
úti : fora; em mar aberto
varð pret. de *verða* || *varð þeim þat fyrir at* (traduções desta expressão variam) ocorreu-lhes
vatn n. água || lago
vára v. chegar a primavera, fazer-se primavera
veðr n. tempo (condições climáticas); vento
vestrætt f. ocidente
vitr adj. sábio, inteligente
víða adv. amplamente, por muitos lugares
Vínland n. Terra das Parreiras
væri : seria, fosse || *en sem ein hella væri ... sjónum* e tudo desde as geleiras até o mar era como se fosse uma única placa de rocha
þegar adv. imediatamente || conj. quando, assim que, tão logo
þetta : isto, isso
þar sem : aonde
þar til er : até que
þóttusk pret. de *þyk(k)jask*
þyk(k)jask v. julgar (reflexivo, com infinitivo e sujeito correferencial) || *þóttusk ekki jafnsœtt kennt hafa, sem þat var*: julgaram não ter provado nada tão doce quanto aquilo era

Gramática

10.1. Pronomes reflexivos

Pronomes reflexivos são pronomes oblíquos (acusativo, genitivo e dativo) cuja referência é idêntica à do sujeito do verbo principal da oração; em português, os pronomes reflexivos são *se*, *si*, *seu/sua*, *(con)sigo*. Observe:

(a) Konungr tók þá vel orðum Þórólfs ok **gerði sik** þá blíðan ok kátan.
O rei recebeu então bem as palavras de Þórólfr e **se fez** então brando e alegre.

(b) Þórólfr gerði um vetrinn ferð **sína** á fjall upp ok hafði **með sér** lið mikit, eigi minna en níu tigu manna.
Þórólfr fez no inverno **sua jornada** acima da montanha e tinha **consigo** uma grande tropa, não menos do que noventa homens.

(c) Hljópu þeir Hallvarðr til vápna **sinna**.
Hallvarðr e os seus correram até **suas** armas.

No exemplo (a), *sik* é objeto de *gerði*, cujo sujeito é *konungr*. No caso, *sik* cumpre a função de terceira pessoa singular masculina. A forma *sik* é o acusativo. No exemplo (b), temos o possessivo *sína*, acusativo singular feminino, concordando com *ferð*. A frase emprega *sína* (sua) e não *hans* (dele), justamente porque faz referência ao próprio sujeito do verbo (*gerði*). Do mesmo modo, em (c) temos o genitivo plural do possessivo reflexivo *sinna* ("das suas") concordando com *vápna*, e não o genitivo da terceira pessoa (*þeira*, "deles"), porque o pronome faz referência justamente a *þeir Hallvarðr*, sujeito de *hljópu*.

10.2. Declinação do pronome *sik* (se)

Não há absolutamente nada de novo a ser aprendido aqui no que diz respeito à flexão do pronome; lembre-se das formas dos pronomes pessoais de primeira e segunda pessoa do singular e observe como o pronome reflexivo segue exatamente o mesmo modelo:

nom.	ek	þú	-
ac.	mik	þik	**sik**
dat.	mér	þér	**sér**
gen.	mín	þín	**sín**

O pronome oblíquo reflexivo não possui variação de gênero nem de número, e se usa sempre com a terceira pessoa, do mesmo modo como se dá em português:

Hann gerði **sik** kátan. (**Ele se** fez alegre.)
Þeir gerðu **sik** káta. (**Eles se** fizeram alegres.)
Hon gerði **sik** káta. (**Ela se** fez alegre.)
Þær gerðu **sik** kátar. (**Elas se** fizeram alegres.)

10.3. O pronome (adjetivo) possessivo reflexivo

A formação do pronome possessivo (ou adjetivo possessivo) também é idêntica à formação do possessivo de primeira e segunda pessoa do singular (*minn*, *mín*, *mitt* e *þinn*, *þín*, *þitt*).

Singular:

	masculino	*feminino*	*neutro*
nom.	**sinn**	**sín**	**sitt**
ac.	**sinn**	**sína**	**sitt**
dat.	**sínum**	**sinni**	**sínu**
gen.	**síns**	**sinnar**	**síns**

Plural:

	masculino	*feminino*	*neutro*
nom.	**sínir**	**sínar**	**sín**
ac.	**sína**	**sínar**	**sín**
dat.	**sínum**	**sínum**	**sínum**
gen.	**sinna**	**sinna**	**sinna**

O possessivo concorda em gênero, número e caso com aquilo que é possuído.

Usa-se o pronome possessivo reflexivo no lugar das já conhecidas formas indeclináveis de terceira pessoa (*hans*, *hennar* e *þess* e *þeir(r)a*) justamente quando o possuidor é o sujeito do verbo principal da oração:

Hann tekr sverð **sitt**. (Ele apanha **sua** [dele mesmo] espada.)
Hann tekr sverð **hans**. (Ele apanha a espada **dele** [de um outro].)

Note que em português as formas *seu*, *sua* têm uma aplicação mais ampla. Não há, no uso dos possessivos, uma correspondência plena entre o nórdico e o português.

10.4. Conjugação -sk (voz média)

Você já viu algumas vezes formas verbais terminadas em *-sk*:

Hann er vitrastr Ásanna ok fegrst talaðr ok líknsamastr, en sú náttúra fylgir honum at engi má **haldask** dómr hans.

(...) tóku þat ráð síðan, at **búask** þar um þann vetr

Os verbos destacados acima são formas conjugadas na tradicionalmente chamada *voz média*. Na prática, a função da forma *-sk* pode variar de acordo com o verbo, podendo ser uma voz passiva, em alguns casos, ou ter sentido reflexivo ou mesmo ativo. Convencionalmente, podemos chamá-la de média, sem deixar entender com isso que seja sempre efetivamente voz média. Em grande medida, formas conjugadas com *-sk* lembram formas com o pronome reflexivo *-se*, *-me* etc. em português, e inclusive podem ser comparadas a estas do ponto de vista da formação histórica.

Em português, por exemplo, temos o verbo "fazer" e a respectiva forma reflexiva "fazer-se"; a diferença, contudo, é que em português não se pode falar de uma conjugação propriamente dita, pois o pronome conserva o seu *status* lexical de pronome (*fazer-se*, *ele se faz*, *eu me faço* etc.), sendo percebido como uma palavra separada do verbo. No nórdico, por outro lado, uma aplicação similar dos pronomes reflexivos (*gera sik*, *ek gerða mik*, *hann gerir sik* etc.) acabou por originar um sufixo, que se pode encarar como uma desinência verbal de voz passiva/média/reflexiva: *gera+sik* deu origem a *gerask*; tem-se assim a conjugação completa, para o presente e o pretérito do indicativo:

presente ativo	*presente -sk*	*pretérito ativo*	*pretérito -sk*
geri	**gerumk**	gerða	**gerðumk**
gerir	**gerisk**	gerðir	**gerðisk**
gerir	**gerisk**	gerði	**gerðisk**
gerum	**gerumsk**	gerðum	**gerðumsk**
gerið	**gerizk**	gerðuð	**gerðuzk**
gera	**gerask**	gerðu	**gerðusk**

Note a assimilação do **r** em *gerisk* (**gerir-sk*). Tal assimilação é frequente, e é importante prevê-la. Também é digno de nota que o encontro **ðs** em *gerið-sk* gera *gerizk*. A junção de **d**, **ð** e **t** com **s** gera **z**.

A forma islandesa moderna de *-sk/-umk* é *-st*, e se encontra em muitas edições de textos medievais e dicionários. Também existe certa flutuação na grafia (especialmente em edições mais antigas ou que não adotam a ortografia normatizada), podendo ser encontrada a terminação *-z*. A forma de primeira pessoa *-umk* (originada de *mik*) foi substituída ainda no período medieval por *-sk*.

Note-se que não são todos os verbos que podem receber o sufixo *-sk*, que alguns verbos são usados somente na conjugação *-sk*, e ainda que muitos verbos têm sentidos muito diferentes quando na conjugação ativa e quando com o sufixo *-sk*. Por isso, é sempre importante verificar nos glossários ou em um dicionário o significado de um verbo conjugado na forma *-sk*. Quando não se faz observação sobre algum significado diferente, assume-se que se trata de reflexivo ou passivo.

10.4. Complemento de verbos -sk com infinitivo

Você já conhece o verbo *þyk(k)ja*, que podemos normalmente traduzir como "parecer" (a alguém, no dat.).

> (...) ok **þykkir** mǫnnum þat mikit mein.
> E isso parece às pessoas um grande mal.
>
> Óvitrlig mun **þykkja** vár ferð...
> A nossa jornada parecerá insensata...

Outra tradução possível seria "as pessoas consideram isso um grande mal" e "a nossa jornada será considerada insensata". O mesmo verbo pode ser usado na conjugação *-sk*, tomando como complemento um infinitivo. Nesses casos, o sujeito do infinitivo é o mesmo do verbo *þykkja*. Observe o exemplo a seguir:

> Sagði Karlsefni at þau **þóttusk** fundit hafa landskosti góða.
> Disse Karlsefni que eles julgavam ter encontrado boas riquezas naturais (= que eles pareciam para si que tinham encontrado, que parecia para eles que eles mesmos tinham encontrado).

Neste último exemplo, a tradução em português pode ser feita com "julgar", pois, em estruturas assim, a correferencialidade dos sujeitos é pressuposta: *pareciam para si/julgavam ter encontrado*. Mas é importante observar o uso peculiar da conjugação *-sk* de alguns verbos com complemento no infinitivo. Outros verbos que lançam mão de estrutura sintática similar são *segja(sk)* e *kveða(sk)*. Observe a frase abaixo:

Hon **kvað** þat svá vera.
Ela disse isso ser assim (Ela disse que isso era assim).

Aqui temos um exemplo claro, numa estrutura simples, em que se pode reconhecer o verbo *kvað* tomando como complemento a oração *þat svá vera*, na qual *þat* é acusativo (sendo neutro, não há marca morfológica) e serve como sujeito do infinitivo *vera*. Possuímos uma estrutura similar em português, mas é mais natural elaborarmos a sentença com uma conjunção ("disse que isso era"). Observe o próximo exemplo:

Leifr **kvað** hann ráða mundu, en **kvezk** hyggja at þat ørendi mundi torflutt á Grœnlandi.

Leifr disse que ele decidiria, mas diz pensar que aquela missão seria difícil de realizar na Groenlândia.

A primeira ocorrência destacada é o pretérito ativo de *kveða*, e tem como complemento uma estrutura de acusativo com infinitivo. O infinitivo que serve como complemento de *kvað* é *mundu* (infinitivo pretérito de *munu*, que aqui cumpre uma função similar ao futuro do pretérito do português), e *hann* serve simultaneamente como objeto de *kvað* e sujeito de *mundu*. Uma tradução mais literal seria "Leifr declarou-o estar-por decidir (...)". A segunda ocorrência destacada é a forma *-sk* no presente (*kveðr-sk*, com assimilação do **r** ao **s** e fusão de **ð** e **s** em **z**). Nesta forma, o verbo no infinitivo *hyggja* que lhe serve de complemento tem o mesmo sujeito de *kveðask*: *declara-se pensar*, isto é, *declara que ele mesmo pensa*. Em português, é mais natural dizer simplesmente "declara pensar", pois a correferencialidade está pressuposta.

Fenômeno análogo ocorre com alguns outros verbos, como *segja*. Observe abaixo:

Þorsteinn **sagðisk** vera bróðir Grettis ins sterka.

Þorsteinn disse-se ser irmão de Grettir o forte (disse que era irmão...).

Também aqui a forma *-sk* de *segja* faz com que o infinitivo *vera* tenha o mesmo sujeito do verbo principal da oração e, novamente, podemos traduzir simplesmente "Þorsteinn disse ser irmão de Grettir", pois, como nos casos anteriores, a correferencialidade entre os sujeitos fica pressuposta nessa construção portuguesa.

Exercícios

1. Complete as lacunas com a forma adequada do pronome possessivo reflexivo. Observe que ele funciona como um adjetivo, e deve concordar com o substantivo que modifica (com aquilo que é possuído)

1. Þá sendi hann menn ______ leyniliga norðr í Þrándheim til vina ______.
2. [Hann] fór síðan aptr til borgar ______.
3. Var sá sveinn þar upp fœddr* fyrst með Guðbrandi ok Ástu, móður ______. (*part. pret. de *fœða*: criado)
4. Lét Erlendr þar líf ______.
5. Gaf hann þat mǫnnum ______, en þeir tóku hann til hǫfðingja.
6. Ǫnundr konungr fór með her ______ til Eistlands at hefna fǫður ______.
7. Hann lá með skipi ______ í Stíflusundi.
8. Helt Danakonungr her ______ sunnan í Víkina.
9. „Þat munu Danir kalla," segir jarl, „at betra* er þat skipti at drepa víking norrœnan heldr en bróðurson ______ danskan." (*compar. *melhor*, completado com *en*: melhor... do que)

2. Após corrigir o exercício anterior, traduza as frases. Utilize, quando necessário, o glossário ao final do livro.

3. Analise os pares de sentenças abaixo e explique o uso dos pronomes oblíquos de terceira pessoa e dos pronomes reflexivos. Em seguida, traduza as frases.

a.
1. En um morguninn var hann dauðr, er menn kómu til **hans**, ok var hann grafinn* þar at kirkju. (*part. pret. de *grafa*: enterrado)
2. Um haustit hafði Vermundr boð mikit ok bauð Arnkatli goða til **sín** ok Eyrbyggjum ok Styr, bróður sínum.

b.
1. Hann hafði með **sér** mart* verkmanna. (n. de *margr*; a estrutura é partitiva: "muito de trabalhadores", isto é, *muitos trabalhadores*)
2. Þá fóru þeir út til Úlfarsfells, ok er þeir kómu þar, var Arnkell þar fyrir ok mart* manna með **honum**. (*estrutura partitiva similar à da frase anterior)

c.
1. Eptir þat lagði Haraldr konungr undir **sik** Sunnmœri.
2. Gekk undir **hann** þar allt landsfólk.

4. Analise as frases abaixo em que são empregados os verbos *kveða* e *þykkja*, tanto na voz ativa quanto média. Analise as ocorrências (destacadas em negrito), identificando tempo, voz e pessoa, e identifique qual é o sujeito do verbo no infinitivo que serve como complemento (sublinhado). Traduza as frases.

1. Hann **kvezk** þat at vísu vilja.
2. Þorkell **kvað** þat satt vera.
3. Hann **kvezk** Hrappr heita ok vera breiðfirzkr at móðurkyni.
4. Hǫskuldr **kvað** hana eigi sjá* kunna. (*este infinitivo serve como complemento de *kunna*)
5 **Þykkjumk** ek nú vera fullkominn at þroska.
6 **Þykkisk** hann mjǫk svívirðr vera í þeira skiptum.
7. Óláfr vaknaði ok **þóttisk** sjá svip konunnar.
8. Óláfi **þóttu** þær vel liggja.

5. Leitura adicional: o rei Óláfr Tryggvason envia Leifr Eiríksson como missionário à Groenlândia (*Óláfs saga Tryggvasonar*, XCVI — *Heimskringla*)

O rei Óláfr Tryggvason, por Peter Nicolai Arbo.

Óláfr konungr sendi ok þat sama vár Leif Eiríksson til Grœnlands at boða þar kristni, ok fór hann þat sumar til Grœnlands. Hann tók í hafi skipsǫgn þeira manna, er þá váru ófœrir ok lágu á skipsflaki, ok þá fann hann Vínland it góða ok kom um sumarit til Grœnlands ok hafði þannug með sér prest ok kennimenn ok fór til vistar í Brattahlíð til Eiríks, **fǫður síns**. Menn kǫlluðu hann síðan Leif inn heppna. En Eiríkr, **faðir hans**, sagði, at þat var samskulda, er Leifr hafði borgit skipsǫgn manna, ok þat, er hann hafði flutt skémanninn til Grœnlands. Þat var prestrinn.

6. Por que o texto emprega as formas diferentes do possessivo (*hans* e *síns*) nas expressões destacadas?

Glossário

boða v. anunciar, proclamar || pregar
borgit part. pret. de **bjarga** v. salvar, resgatar || *hafði borgit* havia salvado
fann pret. de **finna** v. encontrar
flutt part. pret. de **flytja** || *hafði flutt* havia trazido
heppna : forma fraca (m. sing. ac., concordando com *Leif*) de *heppinn*
heppinn adj. sortudo, afortunado
kennimaðr m. clérigo
konungr m. rei
kristni f. cristianismo
lágu pret. de **liggja** v. jazer, estar deitado, estar situado || estar ancorado, fundeado
með prep. (dat.) com
ófœrr adj. impassável, intransponível || impossível || inválido || nesta passagem, o vocábulo parece significar *extenuado* ou *em estado crítico*, mas há possibilidade de outras interpretações
prestr m. padre
samr adj. mesmo
samskulda adj. indecl. que compensa, que equilibra
senda (v. fraco, pret. senda) v. enviar
skémaðr m. termo de tradução debatida e incerta; muitos traduzem como "hipócrita"; pode-se entender também como: impostor, charlatão. Outra interpretação possível: ilusionista. Trata-se aqui do juízo de Eiríkr (que se recusou a aceitar a conversão) sobre o padre. A passagem é lacônica e há margem para especulações. Eiríkr considera que Leifr fez uma ação boa (o resgate) e uma ação má (trazer o padre), e assim suas ações se equilibravam (*samskulda*).
skipsflak n. naufrágio || *er lágu á skipsflaki* que estavam ilhados num naufrágio (que jaziam sobre um naufrágio, provavelmente sobre os destroços ou em botes)
skipsǫgn f. tripulação
sumar n. verão
vár n. primavera
vist f. estadia, abrigo
þannug (ou **þannig**) adv. assim

Vocabulário a ser memorizado

bíða	finna	róa
boða	gras	sandr
bregða	heim	sjá
búð	hella	sýna(sk)
eptir	hús	úti
falla	kalla	vitr
ferð	kveða(sk)	þyk(k)ja(sk)

Unidade 11

Leitura: Þorfinnr Karlsefni e sua viagem a Vínland (*Eiríks saga rauða*, VIII)

A saga nos apresenta um novo personagem: Þorfinnr Karlsefni, um homem de boa linhagem e rico, que morava em Reykjanes, na Islândia. Junto com outro islandês de nome Snorri Þorbrandsson, Karlsefni chega à Groenlândia e é acolhido por Eiríkr Vermelho em Brattahlíð, onde passa o inverno. Karlsefni estreita laços de amizade com Eiríkr e, durante o Natal, i.e. Jól, acaba se casando com Guðríðr, viúva de um dos filhos de Eiríkr.

Á því léku miklar umrœður um vetrinn í Brattahlíð at þeir Karlsefni ok Snorri ætluðu at leita Vínlands, ok tǫluðu menn margt um þat. En því lauk svá at þeir Karlsefni ok Snorri bjǫggu skip sitt ok ætluðu at leita Vínlands um sumarit. Til þeirar ferðar réðusk þeir Bjarni ok Þórhallr með skip sitt ok þat fǫruneyti er þeim hafði fylgt.

Maðr hét Þorvarðr; hann átti Freydísi dóttur Eiríks rauða laungetna. Hann fór ok með þeim ok Þorvaldr son Eiríks ok Þórhallr er kallaðr var veiðimaðr. Hann hafði lengi verit í veiðifǫrum með Eiríki um sumrum, ok hafði hann margar varðveizlur. Þórhallr var mikill vexti, svartr ok þursligr; hann var heldr við aldr, ódæll í skapi, hljóðlyndr, fámáligr hversdagliga, undirfǫrull ok þó atmælasamr ok

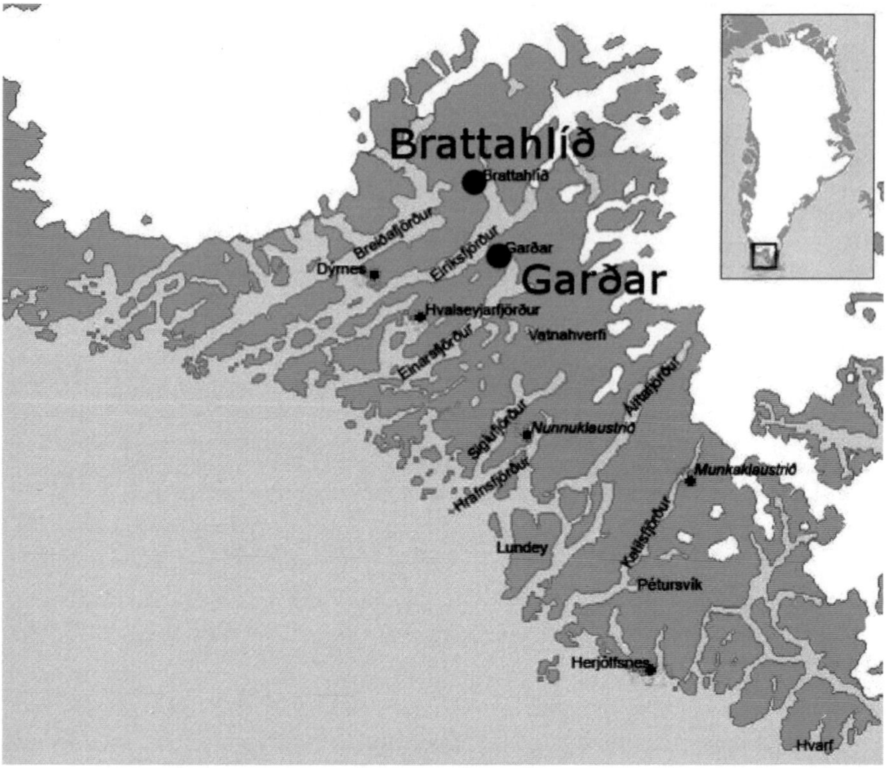

A Colônia Oriental, na Groenlândia. Nomes com a ortografia islandesa moderna.

fýstisk jafnan hins verra. Hann hafði lítt við trú blandazk síðan hon kom á Grœnland. Þórhallr var lítt vinsælðum horfinn, en þó hafði Eiríkr lengi tal af honum haldit. Hann var á skipi með þeim Þorvaldi, þvíat honum var víða kunnigt í óbyggðum. Þeir hǫfðu þat skip, er Þorbjǫrn hafði út þangat ok réðusk til ferðar með þeim Karlsefni, ok váru þar flestir grœnlenzkir menn á. Á skipum þeira váru fjórir tigir manna annars hundraðs. Sigldu þeir undan síðan til Vestribyggðar ok til Bjarneyja; sigldu þeir þaðan undan Bjarneyjum norðanveðr; váru þeir úti tvau dœgr. Þá fundu þeir land ok reru fyrir á bátum ok kǫnnuðu landit ok fundu þar hellur margar ok svá stórar, at tveir menn máttu vel spyrnask í iljar. Melrakkar váru þar margir. Þeir gáfu nafn landinu ok kǫlluðu Helluland.

Þá sigldu þeir norðanveðr tvau dœgr, ok var þá land fyrir þeim ok var á skógr mikill ok dýr mǫrg. Ey lá í landsuðr undan landinu, ok fundu þeir þar bjarndýr ok kǫlluðu Bjarney, en landit kǫlluðu þeir Markland, þar er skógrinn var.

Þá er liðin váru tvau dœgr sjá þeir land, ok þeir sigldu undir landit. Þar var nes, er þeir kómu at. Þeir beittu með landinu ok létu landit á stjórnborða. Þar váru ǫrœfi ok strandir langar ok sandar. Fóru þeir á bátum til lands ok fundu kjǫl af skipi ok kǫlluðu þar Kjalarnes. Þeir gáfu ok nafn strǫndunum ok kǫlluðu Furðustrandir, þvíat langt var með at sigla. Þá gerðisk vágskorit landit, ok heldu þeir skipunum at vágunum.

Þat var þá er Leifr var með Óláfi konungi Tryggvasyni ok hann bað hann boða kristni á Grœnlandi, ok þá gaf konungr honum tvá menn skozka; hét karlmaðrinn Haki, en konan Hekja. Konungr bað Leif taka til þessara manna ef hann þyrfti skjótleiks við, þvíat þau váru dýrum skjótari. Þessa menn fengu þeir Leifr ok Eiríkr til fylgðar við Karlsefni.

En er þeir hǫfðu siglt fyrir Furðustrandir, þá létu þeir ina skozku menn á land ok báðu þau hlaupa í suðrátt ok leita landskosta ok koma aptr áðr þrjú dœgr væri liðin. (...)

Þeir kǫstuðu akkerum ok lágu þar þessa stund.

Ok er þrír dagar váru liðnir hljópu þau af landi ofan, ok hafði annat þeira í hendi vínber, en annat hveiti sjálfsáit. Sagði Karlsefni at þau þóttusk fundit hafa landskosti góða. (...)

Glossário

akkeri n. âncora
aldr m. idade || *heldr við aldr* já com idade mais avançada, já mais velho
annat ... annat : um ... e outro
aptr adv. novamente
atmælasamr adj. rabugento, reclamão
bátr m. bote
beittu pret. de *beita* || *beittu með landinu* navegaram ao longo da costa
bjarndýr n. urso
Bjarneyjar f. pl. Ilhas do Urso
blandazk part. de *blandask* || *hann hafði lítt við trú blandazk* ele tinha se misturado pouco com a fé (cristã)
dýr n. animal
fámáligr adj. de poucas palavras, reticente
fengu pret. de *fá*
flestir : a maioria de
fljórir : quatro || *fjórir tigir manna annars hundraðs* cento e quarenta homens/cento e sessenta ("quatro dezenas de homens da segunda

centena", sendo a centena = 100 ou 120)
fundit part. pret. de *finna* || *þóttusk fundit hafa* julgavam ter encontrado
Furðustrandir f. pl. Praias Fabulosas
fylgð f. companhia || *til fylgðar við Karlsefni* para acompanharem Karlsefni
fylgt part. pret. de *fylgja* || *er þeim hafði fylgt* que os tinha acompanhado
fyrir prep. antes, diante de, em frente de, por
fýstisk pret. de *fýsask* || *fýstisk jafnan hins verra* era costumeiramente ávido pelo pior, i.e. costumava causar problemas
fǫruneyti n. companhia de viagem, comitiva, tripulação
grœnlenzkr adj. groenlandês
heldr adv. antes, mais
heldu pret. de *halda*
hlaupa (hljóp, hlópum) v. correr; saltar
hljóðlyndr adj. taciturno
hljópu pret. de ► **hlaupa**
hveiti n. trigo || *hveiti sjálfsáit* trigo selvagem
hversdagliga adv. diariamente; comumente, geralmente
il (pl. **iljar**) f. sola do pé
jafnan adv. constantemente, sempre
kanna (-aða) v. explorar
karlmaðr m. homem (em oposição a *kona*)
kasta v. lançar, jogar
Kjalarnes n. Cabo da Quilha
kjǫlr m. quilha
kristni f. cristianismo
kunnigr adj. conhecido || *honum var víða kunnigt í óbyggðum* ele tinha um vasto conhecimento de lugares desabitados
landskostr m. riquezas da terra
landsuðr n. sudeste
langr adj. longo || n. **langt** usado adverbialmente: longe || *langt var með at sigla* era uma longa distância velejar ao longo (das praias)
lauk pret. de *lúka :* terminou || *því lauk svá at...* e acabou que..., e por fim...
laungetinn part. bastardo, ilegítimo
lágu pret. de *liggja*
leika (lék, lékum) v. jogar, brincar; mover-se, balançar; espalhar-se (fogo) || *léku miklar umrœður* espalhavam-se grandes discussões, falava-se muito
léku pret. de ► **leika**
létu pret. de *láta* : deixaram
liðin part. pret. de *líða* || *þá er liðin váru* quando se haviam passado
lítt : pouco
melrakki m. raposa branca, raposa do ártico
nes n. cabo
norðanveðr n. vento norte
ofan adv. para baixo, de cima
óbyggð f. região inabitada, selvagem
ódæll adj. difícil, briguento, intratável
réðusk pret. de *ráðask* : embarcaram, alistaram-se, ofereceram-se para participar
siglt part. pret. de *sigla* || *er þeir hǫfðu siglt* quando eles tinham velejado
síðan em seguida; depois que, desde que
skap n. temperamento
skjótr adj. rápido, veloz || *dýrum skjótari* mais velozes do que animais
skjótleikr m. velocidade
skozkr adj. escocês
spyrnask í iljar : tocar-se com as solas dos pés (enquanto deitados de costas)
stjórnborði m. estibordo (lado direito da embarcação)
strandir pl. de *strǫnd*

strǫnd f. praia, costa
stund f. (determinado intervalo de) tempo
suðrátt f. sul, para o sul
svartr adj. negro (em referência a aspecto físico de alguém, o termo denota normalmente a cor dos cabelos e da barba)
taka v. pegar, tomar || *taka til* fazer uso de, lançar mão de
tal n. fala, conversa || *en þó hafði Eiríkr lengi tal af honum haldit* porém Eiríkr havia tido por muito tempo conversas com ele
tala (-aða) v. falar
tvá num. card. m. ac. dois
tveir num. card. m. nom. dois
trú f. fé
umrœða f. discussão, discurso, conversa
undan prep. de baixo, a partir de baixo || *sigldu undan* velejaram costeando
undir prep. embaixo, por baixo, sob || *sigldu undir landit* velejaram para a costa
undirfǫrull adj. traiçoeiro
út þangat : para lá (para a Groenlândia)
vágr m. baía
vágskorinn part. recortado com baías
varðveizla f. custódia, incumbência
veiðifǫr f. expedição de caça/pesca
veiðimaðr m. caçador/pescador
vexti dat. de ► **vǫxtr** || *mikill vexti* grande na estatura
vínber n. uva
vinsæld (vinsælð) f. popularidade || *vinsælðum horfinn* afeito às amizades
vǫxtr m. estatura
þaðan adv. de lá
ok þó : e além disso, e além do mais
þrír num. três || *ok er þrír dagar váru liðnir* e quando três dias haviam se passado
þrjú num. três || *áðr þrjú dœgr væri liðin* antes que três dias tivessem se passado
þursligr adj. gigantesco, com aspecto de gigante (não apenas no tamanho, mas também com uma conotação de feiúra; uma tradução livre poderia ser: com o aspecto de um ogro)
þyrfti subj. pret. de *þurfa* || *ef hann þyrfti til skjótleiks við* se ele precisasse de velocidade
ǫrœfi n. costa aberta sem porto

Gramática

11.1. Pronomes demonstrativos

Os pronomes demonstrativos funcionam como adjetivos (em português "este livro", "aquela mulher"), e flexionam-se em gênero, número e caso, conforme o fazem os adjetivos. Há três pronomes demonstrativos em nórdico, sendo várias de suas formas similares a formas conhecidas da terceira pessoa dos pronomes pessoais e do artigo definido. Por isso, revise, primeiramente, a terceira pessoa dos pronomes pessoais:

Singular:

	m.	*f.*	*n.*
nom.	**hann**	**hon**	**þat**
ac.	**hann**	**hana**	**þat**
dat.	**honum**	**henni**	**því**
gen.	**hans**	**hennar**	**þess**

Plural:

	m.	*f.*	*n.*
nom.	**þeir**	**þær**	**þau**
ac.	**þá**	**þær**	**þau**
dat.	**þeim**	**þeim**	**þeim**
gen.	**þeir(r)a**	**þeir(r)a**	**þeir(r)a**

Revise também as formas do artigo definido.

Singular:

	m.	*f.*	*n.*
nom.	**(h)inn**	**(h)in**	**(h)it**
ac.	**(h)inn**	**(h)ina**	**(h)it**
dat.	**(h)inum**	**(h)inni**	**(h)inu**
gen.	**(h)ins**	**(h)innar**	**(h)ins**

Plural:

	m.	*f.*	*n.*
nom.	**(h)inir**	**(h)inar**	**(h)in**
ac.	**(h)ina**	**(h)inar**	**(h)in**
dat.	**(h)inum**	**(h)inum**	**(h)inum**
gen.	**(h)inna**	**(h)inna**	**(h)inna**

11.1.1. O pronome *sá, sú, þat*

Recapitule abaixo a declinação completa do pronome demonstrativo *sá*, já visto na Unidade 6:

Singular:

	m.	*f.*	*n.*
nom.	**sá**	**sú**	**þat**
ac.	**þann**	**þá**	**þat**
dat.	**þeim**	**þeir(r)i**	**því**
gen.	**þess**	**þeir(r)ar**	**þess**

Plural:

	m.	*f.*	*n.*
nom.	**þeir**	**þær**	**þau**
ac.	**þá**	**þær**	**þau**
dat.	**þeim**	**þeim**	**þeim**
gen.	**þeir(r)a**	**þeir(r)a**	**þeir(r)a**

11.1.2. O pronome *sjá/þessi, þetta*

Você já conhece a palavra *þetta* (isto, isso). Trata-se da forma de neutro singular nom./ac. do pronome demonstrativo "este", "esse". Observe a sua declinação completa:

Singular:

	m.	*f.*	*n.*
nom.	**sjá/þessi**	**sjá/þessi**	**þetta**
ac.	**þenna**	**þessa**	**þetta**
dat.	**þessum/þeima**	**þessi/þessar(r)i**	**þessu/þvísa**
gen.	**þessa**	**þessar/þessar(r)ar**	**þessa**

Plural:

	m.	*f.*	*n.*
nom.	**þessir**	**þessar**	**þessi**
ac.	**þessa**	**þessar**	**þessi**
dat.	**þessum**	**þessum**	**þessum**
gen.	**þessa/þessar(r)a**	**þessa/þessar(r)a**	**þessa/þessar(r)a**

Apesar de aparentar ser totalmente irregular, podem-se reconhecer algumas características comuns com outras formas pronominais já vistas; observe:

O genitivo e o dativo plural são iguais para os três gêneros, apresentando, respectivamente, as conhecidas terminações **-a** e **-um**.

O acusativo plural masculino é igual ao acusativo singular feminino, em **-a**.

O plural nominativo masculino é em **-ir**, conforme o artigo (*inir*) e as terminações dos adjetivos, ao passo que o feminino é em **-ar**, também conforme as terminações dos adjetivos.

Os dativos singulares *þessum*, *þessi*, *þessu* apresentam as mesmas terminações dos artigos singulares no dativo *inum*, *inni*, *inu*.

11.1.3. O pronome *hinn, hin, hitt*

Este pronome, que significa “aquele”/“o outro” apresenta exatamente as mesmas formas do artigo definido, mas sempre com a letra **h** inicial; a única forma diferente do artigo é o neutro singular (nom. e ac.) ***hitt***.

Singular:

	m.	*f.*	*n.*
nom.	**hinn**	**hin**	**hitt**
ac.	**hinn**	**hina**	**hitt**
dat.	**hinum**	**hinni**	**hinu**
gen.	**hins**	**hinnar**	**hins**

Plural

	m.	*f.*	*n.*
nom.	**hinir**	**hinar**	**hin**
ac.	**hina**	**hinar**	**hin**
dat.	**hinum**	**hinum**	**hinum**
gen.	**hinna**	**hinna**	**hinna**

11.2. Pronomes indefinidos

O pronome *nǫkkurr* significa *algum*, *um certo*, *um pouco*, e é flexionado quase completamente como um adjetivo na forma forte. Apenas o acusativo masculino singular apresenta uma terminação diferente, **-n**. Veja o quadro com todas as suas formas:

Singular:

	m.	*f.*	*n.*
nom.	**nǫkkurr**	**nǫkkur**	**nǫkkut**
ac.	**nǫkkurn**	**nǫkkura**	**nǫkkut**
dat.	**nǫkkurum**	**nǫkkurri**	**nǫkkuru**
gen.	**nǫkkurs**	**nǫkkurrar**	**nǫkkurs**

Plural:

	m.	*f.*	*n.*
nom.	**nǫkkurir**	**nǫkkurar**	**nǫkkur**
ac.	**nǫkkura**	**nǫkkurar**	**nǫkkur**
dat.	**nǫkkurum**	**nǫkkurum**	**nǫkkurum**
gen.	**nǫkkurra**	**nǫkkurra**	**nǫkkurra**

Além deste, há outros pronomes indefinidos em nórdico: o já conhecido adjetivo *sumr* (algum — cf. inglês *some*) e o composto *einnhverr*, cujas formas correspondem a uma junção do numeral *einn* (um) e do pronome *hverr*, que será visto a seguir (cf. item 14.4).

Note que é possível encontrar a forma mais arcaica com a vogal **a** em lugar de **ǫ** (*nakkvarr*, *nakkvar* etc.).

11.3. O pronome negativo *engi*, *engi*, *ekki*

Este pronome, que significa *ninguém*, *nenhum*, e (neut. sing.) *nada*, tem as mesmas terminações dos adjetivos na forma forte. Repare no **s** que surge nas formas de gen. sing. m. e n.: *ens-* vem do genitivo *eins* (num.). Existe uma forma variante *øngr*, mais rara, e que será facilmente reconhecida quando surgir nos textos.

Singular:

	m.	*f.*	*n.*
nom.	**engi**	**engi**	**ekki**
ac.	**engan/engi**	**enga**	**ekki**
dat.	**engum**	**engri**	**engu**
gen.	**enskis**	**engrar**	**enskis**

Plural:

	m.	*f.*	*n.*
nom.	**engir**	**engar**	**engi**
ac.	**enga**	**engar**	**engi**
dat.	**engum**	**engum**	**engum**
gen.	**engra**	**engra**	**engra**

11.4. O pronome *hverr, hver, hvert*

O pronome *hverr* apresenta as mesmas formas do pronome indefinido *nǫkkurr* que vimos acima (cf. 11.2); ele é usado em perguntas como pronome interrogativo, equivalente ao português *quem, qual, que*, e também como pronome distributivo, equivalente ao português *cada, todo*.

Singular:

	m.	*f.*	*n.*
nom.	**hverr**	**hver**	**hvert**
ac.	**hvern**	**hverja**	**hvert**
dat.	**hverjum**	**hverri**	**hverju**
gen.	**hvers**	**hverrar**	**hvers**

Plural:

	m.	*f.*	*n.*
nom.	**hverir**	**hverjar**	**hver**
ac.	**hverja**	**hverjar**	**hver**
dat.	**hverjum**	**hverjum**	**hverjum**
gen.	**hverra**	**hverra**	**hverra**

11.5. O pronome *hvárr*, *hvár*, *hvárt* e seus compostos

Com flexão similar, há o pronome *hvárr*, *hvár*, *hvárt*, que significa *qual (de dois)*, *cada (de dois)*:

Singular:

	m.	*f.*	*n.*
nom.	**hvárr**	**hvár**	**hvárt**
ac.	**hvárn**	**hvára**	**hvárt**
dat.	**hvárum**	**hvárri**	**hváru**
gen.	**hvárs**	**hvárrar**	**hvárs**

Plural:

	m.	*f.*	*n.*
nom.	**hvárir**	**hvárar**	**hvár**
ac.	**hvára**	**hvárar**	**hvár**
dat.	**hvárum**	**hvárum**	**hvárum**
gen.	**hvárra**	**hvárra**	**hvárra**

O neutro singular *hvárt* é usado também para introduzir pergunta indireta, similar ao inglês *whether*. Nesse caso, é equivalente do português *se*. Você já encontrou *hvárt* com essa função, por exemplo, na leitura II da Unidade 9:

Þeir spyrja, **hvárt** hann vill sigla at þessu landi eða eigi.
Eles perguntam **se** ele deseja velejar até essa terra ou não.

Existe também a combinação *annarr hvárr*: "um ou outro (de dois)". É também comum no neutro singular com função adverbial, antecipando duas alternativas: *seja... ou, ou... ou.*

Outro composto com *hvárr* é *hvárrtveggja*, que significa "cada um dos dois, ambos". Trata-se da junção do pronome *hvárr* com a forma de genitivo do numeral "dois" (*tveggja* — cf. unidade 14). O segundo membro do composto (*tveggja*) pode permanecer sempre no genitivo ou pode variar de acordo com caso, havendo, assim, formas alternativas.

Singular:

	m.	*f.*	*n.*
nom.	**hvárrtveggja**	**hvártveggja**	**hvárttveggja**
ac.	**hvárntveggja**	**hváratveggja**	**hvárttveggja**
dat.	**hvárumtveggja**	**hvárritveggja**	**hvárutveggja**
gen.	**hvárstveggja**	**hvárrartveggja**	**hvárstveggja**

Plural:

	m.	*f.*	*n.*
nom.	**hvárirtveggja**	**hvárartveggja**	**hvártveggja**
ac.	**hváratveggja**	**hvárartveggja**	**hvártveggja**
dat.	**hvárumtveggja**	**hvárumtveggja**	**hvárumtveggja**
gen.	**hvárratveggja**	**hvárratveggja**	**hvárratveggja**

Nos quadros, apresentamos as formas com *-tveggja* sempre no genitivo. Existe a variante com *-tveggi* (terminação indeclinável) ou com

-tveggi, -tveggja (-tveggi seguindo a declinação fraca dos adjetivos). O primeiro membro do composto segue sempre o padrão flexional *hvárr-*, *hvárn-*, *hvárum-* etc.

Outro pronome composto com *hvárr é hvár(r)gi*, "nenhum (dos dois)". Este pronome é bastante irregular e possui muitas formas alternativas, especialmente no masculino singular, mas seu reconhecimento não é difícil.

Singular:

	m.	*f.*	*n.*
nom.	**hvárgi/hvárrgi/hvárigr**	**hvárgi**	**hvárki/hvártki**
ac.	**hvárgan/hvárngan/hvárngi**	**hvárga**	**hvárki/hvártki**
dat.	**hvárungi/hvárgum**	**hvágri**	**hvárugi/hvárgu**
gen.	**hvárkis/hvárskis**	**hvágrar**	**hvárkis/hvárskis**

Plural:

	m.	*f.*	*n.*
nom.	**hvárgir/hvárigir**	**hvárgar**	**hvárgi**
ac.	**hvárga**	**hvárgar**	**hvárgi**
dat.	**hvárgum**	**hvárgum**	**hvárgum**
gen.	**hvárgra**	**hvárgra**	**hvárgra**

Observe que a variação envolve algumas assimilações e a flexão ou não de *-gi (-ki)*. O neutro singular *hvárki* é usado também como advérbio, e significa *nem* (*hvárki... né*). Você já viu esse uso na leitura adicional da Unidade 12:

Hvárki em ek fjǫlkunnig **né** vísendakona (...).
Eu não sou **nem** versada em magia **nem** uma mulher vidente.

11.6. O pronome *báðir*, *báðar*, *bæði*

Você já se deparou com algumas formas deste pronome ao longo das leituras. Trata-se do pronome distributivo *ambos*, que só existe no plural:

	m.	*f.*	*n.*
nom.	**báðir**	**báðar**	**bæði**
ac.	**báða**	**báðar**	**bæði**
dat.	**báðum**	**báðum**	**báðum**
gen.	**beggja**	**beggja**	**beggja**

A forma neutra é usada na expressão *bæði... ok*, que podemos traduzir como "tanto... quanto" (construção similar é usada em inglês com *both... and*).

Exercícios

1. Identifique os pronomes das frases abaixo e descreva a sua forma (gênero, número e caso).

1. Gerðisk þá brátt bardagi mannskœðr, ok fell mart af hvárumtveggjum.
2. Konungr gekk upp á landit langt ok yfir skóga nǫkkura.
3. Þar váru fyrir dalbyggðir nǫkkurar.
4. Þá lét hann veita sér tíðir, gekk síðan á skip sitt ok bað menn snæða ok drekka nǫkkut.
5. Hugleikr konungr var engi hermaðr, ok sat hann at lǫndum í kyrrsæti.
6. Þóttisk Ingjaldr engan styrk hafa til at berjask við Ívar.
7. Af engum manni ǫðrum vil ek þat þiggja.
8. Hann spurði eptir, hverrar ættar hon var.
9. Síðan búask þeir ok búa báða bátana ok hǫfðu tuttugu menn á hvárum.

10. Hǫfðu þá hvárirtveggju her svá mikinn, at engi var munr, hvárir fjǫlmennri* váru. (*compar. de *fjǫlmennr*: mais lotado, com mais homens)
11. Hvárgi þeira hafði brynju.
12. En er þeir óxu* upp, þá váru þeir báðir menn miklir ok sterkir, svá sem faðir þeira var. (*pret. de *vaxa*)
13. Njósnarmenn hljópu upp ok réðu at þeim, en þeir í mót, ok varð sá fundr þeira, at Egill felldi tvá menn, en hinir, er eptir váru, hljópu þá í skóginn.

2. Traduza as frases do exercício anterior.

3. Leitura adicional: O morto-vivo Hrappr (*Laxdœla saga* XVII; XXIV).

Þat er sagt frá Hrapp, at hann gerðisk úrigr viðreignar; veitti nú nábúum sínum svá mikinn ágang, at þeir máttu varla halda hlut sínum fyrir honum. (...) Þá kallaði Hrappr til sín Vigdísi, konu sína, ok mælti: „Ekki hefi ek verit kvellisjúkr," segir hann, „er ok þat líkast, at þessi sótt skili várar samvistur; en þá at ek em andaðr, þá vil ek mér láta grǫf grafa í eldhúsdurum, ok skal mik niðr setja standanda þar í durunum; má ek þá enn vendiligar sjá yfir hýbýli mín." Eptir þetta deyr Hrappr. Svá var með ǫllu farit, sem hann hafði fyrir sagt, því at hon treystisk eigi ǫðru. En svá illr sem hann var viðreignar, þá er hann lifði, þá jók nú miklu við, er hann var dauðr, því at hann gekk mjǫk aptr. Svá segja menn, at hann deyddi flest hjón sín í aptrgǫngunni; hann gerði mikinn ómaka þeim flestum, er í nánd bjuggu; var eyddr bœrinn á Hrappsstǫðum. (...)

Lendur þær, er Hrappr hafði átt, lágu í auðn, sem fyrr var ritat. Óláfi þóttu þær vel liggja. (...)

Óláfr compra as terras que pertenceram a Hrappr, e a presença do antigo proprietário acaba por se fazer notar:

Óláfr tekr í hǫnd sér spjótit gullrekna, konungsnaut, gengr nú heiman ok húskarl með honum. Snjór var nǫkkurr á jǫrðu; koma þeir til fjóssins ok var þat opit; rœddi Óláfr, at húskarl skyldi inn ganga, — „en ek mun reka at þér nautin, en þú bitt eptir." Húskarl gengr at fjósdurunum. Óláfr finnr eigi, fyrr en hann hleypr í fang honum; spyrr Óláfr, hví hann fœri svá fæltiliga. Hann svarar: „Hrappr stendr í fjósdurunum ok vildi fálma til mín, en ek em saddr á fangbrǫgðum við hann." Óláfr gengr þá at durunum ok leggr spjótinu til hans. Hrappr tekr hǫndum báðum um fal spjótsins ok snarar út af, svá at þegar brotnar skaptit. Óláfr vill þá renna á Hrapp, en Hrappr fór þar niðr, sem hann var kominn; skilr þar með þeim; hafði Óláfr skapt, en Hrappr spjótit. (...) Um morgininn eptir ferr Óláfr heiman ok þar til, er Hrappr hafði dysjaðr verit, ok lætr þar til grafa. Hrappr var þá enn ófúinn. Þar finnr Óláfr spjót sitt. Síðan lætr hann gera bál; er Hrappr brenndr á báli, ok er aska hans flutt á sjá út. Heðan frá verðr engum manni mein at aptrgǫngu Hrapps.

Pontas de lanças da Era Viking.

Glossário

andaðr part. pret. morto
aptr adv. novamente
aptrganga f. assombração, o ato de andar novamente como morto-vivo
aska f. cinzas
at prep. + dat. a, em, para
auðn f. local deserto, desabitado || *lágu í auðn* jaziam na desolação, estavam ermadas
auka (eyk, jók) v. crescer, aumentar || *jók miklu við* aumentou muito
ágangr m. ataque, provocação, agressão
átt part. pret. de *eiga* || *hafði átt* possuíra
bál n. fogueira, pira
binda (batt) v. amarrar, prender || *en þú bitt eptir* e tu prende (o gado) na sequência
bitt imper. de ▶ **binda**
bjuggu pret. de *búa*
búa v. morar
bœr m. fazenda
brenndr part. pret. queimado
brotna v. quebrar, quebrar-se
deyða (deydda) v. matar, causar a morte de
deyja v. morrer
durunum : dat. pl. com art. def. de ▶ **dyrr**
dyrr f. pl. porta
dysjaðr part. pret. de *dysja* || *hafði dysjaðr verit* havia sido sepultado
eldhúsdyrr f. pl. a porta da *eldhús* ("casa do fogo", isto é, salão onde há o fogo, também cozinha)
eyddr (part. pret. de *eyða*) : esvaziado, ermado
falr m. a parte oca da ponta da lança que é encaixada na haste
fang n. apanha, agarra, abraço (espaço entre os braços ou o ato de apanhar algo, ter algo nos braços) || *í fang honum* nos braços dele
fangbrǫgð n. pl. luta com agarras e imobilizações (*wrestling*) || *saddr á fangbrǫgðum við hann* cansado de lutar (com agarras e imobilizações) com ele (note-se que o criado tenta disfarçar o medo, dissimulando a coragem)
fara með : proceder, executar || *svá var með ǫllu farit, sem hann hafði fyrir sagt* foi executado tudo conforme ele havia instruído
fálma v. tatear, apalpar, estender as mãos para tentar pegar
fjós n. estábulo, curral
fjósdyrr f. pl. porta do curral
flestr adj. superl. a maior parte de, a maioria de
flutt : transportadas (as cinzas)
fœri subj. pret. de *fara* || *hví hann fœri svá...* por que ele ia tão...
fyrr adv. antes || *fyrr en* antes que
fæltiliga adv. medrosamente
ganga v. andar, caminhar || *ganga aptr* "caminhar novamente", isto é, assombrar, levantar-se como morto-vivo
gekk pret. de *ganga*
grafa v. cavar
grǫf f. buraco || sepultura
gullrekna forma fraca (n. sing.) de **gullrekinn** adj. decorado com ouro embutido
heðan frá : doravante, daquele momento em diante
heiman adv. de casa
hjón n. membro da casa || doméstico, servo, criado || pl. casal, marido e mulher

hlaupa v. pular, saltar || correr
hǫnd f. mão || *í hǫnd sér* em sua mão || *hǫndum báðum* com ambas as mãos
Hrappsstaðir m. pl. a fazenda de Hrappr
húskarl m. criado doméstico, servo
hví pron. por quê?
hýbýli n. pl. lar, propriedade, fazenda || família (pessoas da casa)
illr adj. mau, ruim
jók pret. de ▶ **auka**
kominn part. pret. de *koma* ||*fór þar niðr, sem hann var kominn* foi lá para baixo, (ao local) de onde ele havia vindo
konungsnautr m. presente do rei
kvellisjúkr adj. doente, enfermo
lágu pret. de *liggja*
láta v. pôr, colocar, deixar || fazer com que, mandar (com infinitivo) || *þá vil ek mér láta grǫf grafa* então eu quero mandar cavar uma sepultura para mim, então quero que faças com que seja cavada uma sepultura para mim || *lætr þar til grafa* manda cavarem lá || *lætr hann gera bál* ele manda fazerem uma fogueira
leggja v. pôr, colocar || estocar (com arma perfurante)
lenda f. terra, propriedade
lifa v. viver
líkast : mais provável
með prep. com
mein n. mal, dano || *verðr engum manni mein at aptrgǫngu Hrapps* a assombração de Hrappr não causa mal a ninguém
morginn m. manhã || *um morgininn eptir* na manhã seguinte
naut n. pl. gado
nábúi m. vizinho
nánd f. vizinhança, cercanias, proximidade || *í nánd* nas cercanias, na vizinhança
niðr adv. abaixo, embaixo
opinn (opin, opit) adj. aberto
ófúinn adj. incorrupto, não apodrecido
ómaki m. problema
reka v. conduzir
renna v. correr || *renna á* correr sobre, avançar contra
ritat : escrito || *sem fyrr var ritat* conforme foi escrito antes
rœða (rœdda) v. falar
sagt part. pret. de *segja* || *þat er sagt frá Hrapp* conta-se sobre Hrappr, é dito sobre Hrappr
samvista f. (também **samvist** f.) coabitação, vida conjugal
setja v. colocar, posicionar
sjá v. ver || *sjá yfir* supervisionar
sjár m. mar || *á sjá út* para o mar aberto
skapt n. haste (de uma lança), cabo
skilja v. separar || *at þessi sótti skili* que esta doença separe || *skilr þar með þeim* lá eles se separam
skyldi subj. pret. de *skulu* || *at ... skyldi inn ganga* que ... deveria entrar
snara v. girar, torcer || *snarar út af* dá um puxão para fora
snjór m. neve
sótt f. doença
spjót n. lança
spyrja v. perguntar || tomar conhecimento
standanda : de pé, ereto, postado
til prep. + gen. até
treysta v. assegurar || arriscar, ousar || *treystask* + dat. arriscar, ousar || *hon treystisk eigi ǫðru* ela não arriscava fazer outra coisa, não arriscava fazer diferente
úrigr viðreignar : de trato difícil, intratável
varla adv. mal, a custo || *at þeir máttu varla halda hlut sínum fyrir honum* que eles mal podiam conservar sua posição diante dele

veita (veitta) v. oferecer
vendiligr adj. cuidadoso, cauteloso || *enn vendiligar* ainda mais cuidadosamente
verit part. pret. de *vera* || *ekki hefi ek verit* eu nunca (não) estive
viðreign f. trato, relação, intercurso
vilja (vilda) v. querer, desejar
þar til, er : até onde
þá at : quando
þá er : quando

Vocabulário a ser memorizado

aptr
bœr
heldr
hlaupa
hýbýli
jafnan
langr
láta
leggja
morginn
renna
spyrja
svartr
vilja
vǫxtr
þar til, er
þá er

Unidade 12

Leitura: Þorbjǫrg, a pequena sibila (*Eiríks saga rauða*, IV).

Í þenna tíma var hallæri mikit á Grœnlandi; hǫfðu menn fengit lítit fang, þeir er í veiðiferðir hǫfðu farit, en sumir ekki aptr komnir.

Sú kona var þar í byggð, er Þorbjǫrg hét; hon var spákona ok var kǫlluð lítil-vǫlva. Hon hafði átt sér níu systr, ok váru allar spákonur, en hon var ein þá á lífi. Þat var háttr Þorbjargar um vetrum, at hon fór at veizlum, ok buðu þeir menn henni mest heim, er forvitni var á at vita forlǫg sín eða árferð; ok með því

As nornas sob o freixo Yggdrasill, por Ludwig Burger.

at Þorkell var þar mestr bóndi, þá þótti til hans koma at vita, hvé nær létta myndi óárani þessu, sem yfir stóð.

Býðr Þorkell spákonunni heim, ok er henni þar vel fagnat, sem siðr var til, þá er við þess háttar konum skyldi taka. Var henni búit hásæti ok lagt undir hana hœgindi; þar skyldi í vera hœnsafiðri.

En er hon kom um kveldit ok sá maðr, er móti henni var sendr, þá var hon svá búin, at hon hafði yfir sér tuglamǫttul blán, ok var settr steinum allt í skaut ofan; hon hafði á hálsi sér glertǫlur, lambskinnskofra svartan á hǫfði ok við innan kattskinn hvít; ok hon hafði staf í hendi, ok var á knappr; hann var búinn með messingu ok settr steinum ofan um knappinn; hon hafði um sik hnjóskulinda, ok var þar á skjóðupungr mikill, ok varðveitti hon þar í tǫfr sín, þau er hon þurfti til fróðleiks at hafa. Hon hafði á fótum kálfskinnsskúa loðna ok í þvengi langa, ok á tinknappar miklir á endunum. Hon hafði á hǫndum sér kattskinnsglófa, ok váru hvítir innan ok loðnir.

En er hon kom inn, þótti ǫllum mǫnnum skylt at velja henni sœmiligar kveðjur. Hon tók því sem henni váru menn geðjaðir til. Tók Þorkell bóndi í hǫnd henni ok leiddi hana til þess sætis, sem henni var búit. Þorkell bað hana þá renna þar augum yfir hjú ok hjǫrð, ok svá hýbýli. Hon var fámálug um allt.

Borð váru upp tekin um kveldit, ok er frá því at segja, hvat spákonunni var matbúit. Henni var gǫrr grautr af kiðjamjólk, ok matbúin hjǫrtu ór ǫllum kykvendum, þeim er þar váru til. Hon hafði messingarspón ok kníf tannskeptan, tvíhólkaðan af eiri, ok var brotinn af oddrinn. En er borð váru upp tekin, þá gengr Þorkell bóndi fyrir Þorbjǫrgu ok spyrr, hversu henni þykki þar um at lítask, eða hversu skapfelld henni eru þar hýbýli eða hættir manna, eða hversu fljótliga hon mun vís verða þess, er hann hefir spurt hana ok mǫnnum er mest forvitni at vita. Hon kallask ekki munu segja fyrr en um morgininn eptir, er hon hafði áðr sofit um nóttina.

Glossário

af prep. de
árferð f. estação
átt part. pret. de *eiga* tido
bjóða v. convidar, oferecer
blár adj. azul escuro, negro
bóndi m. fazendeiro, senhor de terras

borð n. mesa
brotinn part. pret. de *brjóta* quebrado || *ok var brotinn af oddrinn* e a ponta d(ela) estava quebrada (a ideia é que a ponta saíra da lâmina, *quebrada dela* no sentido de *retirada dela*)
buðu pret. de ► **bjóða**
búin part. pret. de *búa* preparada, arrumada
búinn part. pret. de *búa* preparado, arrumado
búit part. pret. de *búa* preparado, arrumado
byggð f. colônia, povoado, povoamento
býðr pres. de ► **bjóða**
ein num. um (f.), funciona também como adj. "só", "único"
eir n. cobre, latão
endi m. fim, extremidade
fagna v. dar boas vindas, acolher
fagnat part. pret. de *fagna*
fámáligr adj. reticente, de poucas palavras
fang n. apanha (o que é apanhado, no caso caça ou pesca) || agarra, abraço (espaço entre os braços ou o ato de apanhar algo, ter algo nos braços)
farit part. pret. de *fara* ido
fengit part. pret. de *fá* apanhado, pego
fljótliga adv. rapidamente
forlǫg n. pl. destino (o sing. *forlag* tem outro sentido)
forvitni f. curiosidade || *er forvitni var á at vita...* que tinham curiosidade por saber
fróðleikr m. conhecimento || magia
fyrr en : antes que
geðjaðr adj. aprazível, agradável, que parece bom a alguém || *hon tók því sem henni váru menn geðjaðir til* ela recebia isso conforme os homens lhe apraziam
glertǫlur f. pl. contas de vidro
grautr m. mingau
gǫrr part. pret. de *gera* (*gøra*) feito
hallæri n. escassez, fome
háls m. pescoço
hásæti n. assento de honra, assento alto
háttr m. modo, conduta || *þess háttar konur* mulheres deste tipo
hjarta n. coração
hjú n. pessoa da casa (servo, familiar, criado)
hjǫrð f. rebanho
hnjóskulindi m. um cinto (o sentido exato do termo não é claro, poderia ser vertido como *cinto de pederneira*)
hvé nær : quando
hversu : como, quão
hættir pl. de ► **háttr**
hœgindi n. almofada, coxim
hœnsafiðri m. penas de galinha (a palavra é singular, mas a noção é de "penas" no pl., plumagem)
hǫfuð n. cabeça
inn adv. dentro de, para dentro de || *koma inn* entrar
innan adv. na parte interna || *við innan* por dentro
kallask v. med. (com inf.) declarar
kattskinn n. pele de gato
kattskinnsglófi m. luva de pele de gato
kálfskinnsskór (pl.-skúar) m. calçado de pele de bezerro
kiðjamjólk f. leite de cabrito (leite de amamentação da cabra)
knappr m. pegador || *ok var á knappr* e havia n(ele) um pegador
knífr m. faca
koma til : caber, concernir
komnir part. pret. de *koma* vindos || *sumir ekki aptr komnir* alguns não haviam retornado (na construção nota-se a elipse do verbo auxiliar)
kveðja f. saudação
kveld n. noite
kykvendi (também **kvikvendi**) n. animal, criatura
kǫlluð part. pret. de *kalla* chamada

lagt part. pret. de *leggja* colocado
lambskinnskofri m. gorro de pele de carneiro
leiða (leidda) v. conduzir
létta v. abrandar, cessar
líf n. vida || *vera á lífi* estar vivo
líta v. olhar, ver, enxergar || med. **lítask** parecer (a alguém, no dat.)
lítill adj. pequeno || pouco
loðinn adj. peludo
matbúa v. preparar comida, cozinhar
matbúit (part. pret. de ► **matbúa**) : preparado (para comer)
með því at uma vez que, já que
messing f. latão
messingarspónn m. colher de latão
mest : mais, principalmente, ao máximo
mestr superl. maior, máximo
myndi subj. pret. de *munu* || *létta myndi* cessaria, abrandar-se-ia
níu num. nove
nótt f. noite
oddr m. ponta (de uma lâmina)
ofan adv. de cima, para baixo
óáran n. estação ruim (em termos de colheita) — note que serve como obj. de *létta* (impessoal)
ór prep. de (saído de, retirado de)
sæti n. assento
segja : serve como complemento de *kallask* || *kallask ekki munu segja fyrr en* declara que não dirá nada antes que
segja frá : contar, narrar || *ok er frá því at segja* e há sobre isso para se contar (fórmula narrativa comum nas sagas)
sendr part. pret. de *senda* enviado
settr part. pret. de *setja* || *settr steinum* cravejado de pedras
siðr m. costume, hábito, conduta
skapfelldr adj. agradável
skaut n. canto, extremidade, aba
skjóðupungr m. bolsa de pele || *ok var þar á skjóðupungr* e havia lá n(ele) uma bolsa de pele
skyldi subj. pret. de **skulu** || *þá er við þess háttar konum skyldi taka* quando se deveriam acolher mulheres deste tipo || *skyldi í vera* deveria haver dentro
skyldr adj. obrigado, com dever (de algo)
sofa v. dormir
sofit part. pret. de ► **sofa**
spákona f. profetisa, sibila, mulher vidente
spurt part. de *spyrja* perguntado
stafr m. bastão, bengala
steinn m. pedra
stóð pret. de *standa* || *yfir stóð* impunha-se, fazia-se (*standa yfir*)
sumr (sum, sumt) adj. algum
sæti n. assento
sœmiligr adj. honorável
tannskeptr adj. com cabo de marfim de morsa
tekin part. pret. de *taka* || *váru upp tekin* foram montadas / foram retiradas (as mesas: *borð*) [a mesma expressão *taka upp borð* serve para designar o ato de *montar as mesas para a refeição* e *retirá-las após a refeição*]
tinknappr m. botão de estanho (ou peltre, que é uma liga composta principalmente de estanho com um pouco de cobre e outros metais) || *ok á tinknappar...* e n(elas = as tiras) botões de estanho...
tími m. tempo
tuglamǫttull m. manto preso por uma alça
tvíhólkaðr adj. preso com dois anéis
tǫfr n. talismãs, magias, encantos
undir prep. sob, embaixo de
varðveita (-ta) v. conservar, guardar || *varðveitti hon þar í* ela guardava lá dentro
váru til : havia, estavam à disposição (*vera til* existir, estar à disposição)
veiðiferð f. expedição de caça ou pesca

veizla f. festa, banquete
velja v. escolher || dirigir-se (com palavras) a alguém
vita v. saber
vǫlva f. sibila, profetisa, mulher vidente
víss adj. certo, ciente, sabedor
yfir prep. sobre, em cima, por cima
þurfti pret. de *þurfa*
þvengr m. tira (de couro, como cadarço) || *ok í þvengi langa* e n(eles = os calçados) tiras longas
þykki subj. de *þykkja* 3a. pessoa sing. (aqui pode ser traduzido pelo indicativo em português)

Gramática

12.1. Particípios pretéritos

Particípios são formas *verbo-nominais*, ou seja, *participam* tanto da sintaxe verbal quanto da sintaxe nominal. O conceito de particípio no nórdico é similar ao do português, sendo os particípios formas derivadas de um verbo ou, dependendo de como se vê o fenômeno, flexões deles; servem tanto para compor tempos verbais (função verbal) como para adjetivar nomes (função nominal). Em português existem particípios pretéritos (passivos) terminados em *-ido/-ado* e resquícios de particípios presentes (do latim), terminados em *-ente/-inte/-ante* ("ouvinte", "declarante"). O nórdico apresenta particípios pretéritos e presentes. Os particípios presentes serão vistos em mais detalhes no terceiro volume. Por ora, concentremo-nos nos particípios pretéritos, que são muito mais frequentes e surgem em diversos tempos verbais compostos.

12.1.1. Particípios pretéritos de verbos fracos

Os particípios pretéritos de verbos fracos são montados com o sufixo de pretérito e resultam em adjetivos regulares como *glaðr*. Um exemplo pode ser visto na frase a seguir, encontrada na leitura inicial desta Unidade:

Hon var spákona ok var **kǫlluð** lítil-vǫlva.
Ela era uma mulher vidente e era **chamada** pequena sibila.

Temos aqui o particípio pretérito de *kalla*, no feminino singular. Para chegarmos ao particípio deste verbo, tomemos o seu radical de pretérito (com o sufixo, mas sem a desinência) *kallað-*, e com ele formemos um adjetivo, com as desinências fortes dos adjetivos que você já estudou.

Singular:

	m.	*f.*	*n*
nom.	**kallaðr**	**kǫlluð**	**kallat**
ac.	**kallaðan**	**kallaða**	**kallat**
dat.	**kǫlluðum**	**kallaðri**	**kǫlluðu**
gen.	**kallaðs**	**kallaðrar**	**kallaðs**

Plural:

	m.	*f.*	*n*
nom.	**kallaðir**	**kallaðar**	**kǫlluð**
ac.	**kallaða**	**kallaðar**	**kǫlluð**
dat.	**kǫlluðum**	**kǫlluðum**	**kǫlluðum**
gen.	**kallaðra**	**kallaðra**	**kallaðra**

Note que você se deparará muito mais com a forma de neutro singular (que serve para compor o pretérito perfeito ativo de verbos transitivos, como veremos a seguir) e com formas de nominativo em construções passivas com o verbo *vera* (como a frase utilizada como exemplo acima). De todo modo, o particípio pode ser flexionado plenamente, como visto nos quadros.

Verbos irregulares que formam pretérito fraco, como *eiga*, também formam o particípio pretérito deste modo. Nem todos os verbos (sejam fracos ou fortes), porém, apresentam a forma plena de adjetivo, restringindo-se, muitas vezes, ao neutro singular, que podemos denominar de *supino*.

12.1.2. Particípios pretéritos de verbos fortes

Os verbos fortes recebem, normalmente, o sufixo *-inn* e são flexionados como os pronomes possessivos *minn*, *þinn* e *sinn* e os artigos definidos. A forma do particípio pretérito de um verbo forte não pode ser simplesmente deduzida a partir do infinitivo ou do presente, tampouco do pretérito, e deve ser aprendida como uma de suas partes principais. Os dicionários indicam como é o particípio. Tomemos como exemplo o verbo *fara*, cujo particípio pretérito é *farinn*.

Singular:

	m.	*f.*	*n*
nom.	**farinn**	**farin**	**farit**
ac.	**farinn**	**farna**	**farit**
dat.	**fǫrnum**	**farinni**	**fǫrnu**
gen.	**farins**	**farinnar**	**farins**

Plural:

	m.	*f.*	*n*
nom.	**farnir**	**farnar**	**farin**
ac.	**farna**	**farnar**	**farin**
dat.	**fǫrnum**	**fǫrnum**	**fǫrnum**
gen.	**farinna**	**farinna**	**farinna**

Todos os fenômenos fonéticos já vistos nas flexões dos substantivos e adjetivos podem ser observados aqui. Os dativos singulares masculino e neutro e o dativo plural dos três gêneros *fǫrnu*/*fǫrnum* apresentam mutação labial e síncope, dentro do esperado. As formas de dativo e genitivo singular feminino e genitivo plural dos três gêneros apresentam assimilação do **r** da desinência ao **n** do radical: *farinni* < **farin-ri* etc.

O particípio pretérito de *vera* é *verit* (somente neutro singular).

12.2. Perfeito, mais-que-perfeito e outros tempos compostos

Uma vez conhecida a conjugação de presente e pretérito dos verbos *hafa* e *vera* e as formas dos particípios, além dos auxiliares de futuro *skulu* e *munu*, é possível aprender as conjugações dos tempos perfeitos sem nenhum esforço, fazendo-se analogia com o inglês (ou com o alemão, o francês, o italiano etc.) e, em alguns casos, também com o português.

O perfeito serve para expressar uma ação já completa no passado e que tem seu desdobramento percebido no presente. Não confunda o perfeito do nórdico com o que denominamos perfeito na gramática do português. O perfeito do português é grandemente equivalente ao pretérito simples nórdico. O perfeito nórdico muitas vezes pode ser traduzido também pelo perfeito do português, mas ele traz a nuance de que a ação está completa no passado, e dela decorre um estado presente.

O perfeito ativo da maior parte dos verbos nórdicos é montado com o auxiliar *hafa* seguido do particípio pretérito na forma neutra. Vejamos como exemplo o verbo *segja*, cujo particípio pretérito, neutro singular, é *sagt*:

ek	**hefi sagt**	*eu disse, eu já disse*
þú	**hefir sagt**	*tu disseste, já disseste*
hann hon þat	**hefir sagt**	*ele/a disse, já disse*
vér vit	**hǫfum sagt**	*nós dissemos, já dissemos*
þér þit	**hafið sagt**	*vós dissestes, já dissestes*
þeir þær þau	**hafa sagt**	*eles/elas disseram, já disseram*

Por mais tentador que seja traduzir *ek hefi sagt* por *eu tenho dito*, é imperioso observar a radical diferença de significado que a construção portuguesa apresenta. *Eu tenho dito* significa *eu venho dizendo*, isto é, uma ação que tem início no passado e vem ocorrendo de forma contínua ou repetida até o presente. No nórdico, a forma é equivalente ao inglês *I have said.* Eu *já* disse, isto é, realizei a ação e me encontro no estado de tê-la realizado.

O mais-que-perfeito, por sua vez, é aspectualmente similar ao português (*eu tinha dito, eu havia dito, eu dissera*). Basta conjugar o auxiliar *hafa* no pretérito e temos o mais-que-perfeito (ação passada com relação a outra ação no pretérito):

ek	**hafða sagt**	*eu tinha dito, dissera*
þú	**hafðir sagt**	*tu tinhas dito, disseras*
hann hon þat	**hafði sagt**	*ele/a tinha dito, dissera*
vér vit	**hǫfðum sagt**	*nós tínhamos dito, disséramos*
þér þit	**hǫfðuð sagt**	*vós tínheis dito, disséreis*
þeir þær þau	**hǫfðu sagt**	*eles/elas tinham dito, disseram*

Com os auxiliares de futuro, podemos facilmente montar os tempos de futuro perfeito: *ek mun hafa sagt*, *eu terei dito* etc.

Alguns verbos tomam como auxiliar o verbo *vera* para montar os tempos perfeitos na voz ativa, notadamente verbos de movimento. **Quando um tempo perfeito é montado com o auxiliar *vera*, o particípio deve sempre concordar com o sujeito**, do mesmo modo como se dá na voz passiva (ver a seguir em 12.3). Temos assim *hann er farinn* e *hon er farin* etc.Vejamos como exemplo o verbo *fara*:

ek	**em farinn/farin/farit**	*eu fui, eu já fui*
þú	**ert farinn/farin/farit**	*tu foste, já foste*
hann hon þat	**er farinn/farin/farit**	*ele/a foi, já foi*
vér vit	**erum farnir/farnar/farin**	*nós fomos, já fomos*
þér þit	**eruð farnir/farnar/farin**	*vós fostes, já fostes*
þeir þær þau	**eru farnir/farnar/farin**	*eles/elas foram, já foram*

E igualmente o mais-que-perfeito, com o verbo auxiliar no pretérito:

ek	**var farinn/farin**	*eu tinha ido, fora*
þú	**vart farinn/farin**	*tu tinhas ido, foras*
hann hon þat	**var farinn/farin**	*ele/a tinha ido, fora*
vér vit	**várum farnir/farnar**	*nós tínhamos ido, fôramos*
þér þit	**váruð farnir/farnar**	*vós tínheis ido, fôreis*
þeir þær þau	**váru farnir/farnar**	*eles/elas tinham ido, foram*

E também o futuro perfeito: *ek mun vera farinn* "terei ido" etc.

Note-se que o verbo *fara* também pode formar os tempos perfeitos com o auxiliar *hafa*: *ek hefi farit* etc. Os tempos compostos deste verbo, quando montados com auxiliar *vera*, dão foco maior no resultado da ação, e com o verbo *hafa* trazem mais ênfase na ação.

Nos tempos perfeitos, o verbo *vera* tem como auxiliar o verbo *hafa*: *ek hefi verit* etc.

12.3. Voz passiva

A voz passiva de verbos transitivos que tomam objeto no acusativo é feita com o verbo *vera* seguido do particípio pretérito. Veja o exemplo tirado da leitura inicial:

> **Var** henni **búit** hásæti.
> **Foi** para ela **preparado** um assento de honra.

A construção sintática em português é a mesma. Temos o particípio de *búa* flexionado no neutro singular, concordando com *hásæti*. Nesse tipo de construção, sempre há concordância, pois o particípio funciona, num certo sentido, como um adjetivo. Veja:

> Leifr lét í haf þegar hann **var búinn**.
> Leifr fez-se ao largo quando **estava pronto**.

Aqui o particípio *búinn* está no masculino singular nominativo, concordando com Leifr.

Atenção: A voz passiva de verbos transitivos que tomam como objeto outro caso que não o acusativo (dativo ou genitivo) é formada de modo mais peculiar no nórdico. Se, por um lado, na estrutura direta *sujeito nominativo + verbo + objeto no acusativo* temos a passiva formada com o objeto transformado em nominativo, sendo sujeito do verbo *vera,* seguido do particípio em concordância com o sujeito, por outro lado, verbos que regem dativo e genitivo não podem formar a passiva com seu objeto transformado em sujeito do verbo *vera.*[1] Observe a frase abaixo, retirada da *Brennu-Njáls saga*:

> **Honum var boðit** til boðsins til Hlíðarenda.
> Ele foi convidado à festa em Hlíðarendi.

O particípio *boðit* (do verbo *bjóða* + dat., "convidar") está na forma neutra. A construção aqui é impessoal (não há sujeito): "Foi a ele convidado à festa." Estivesse na voz ativa, teríamos:

> Þeir buðu honum til boðsins til Hlíðarenda.
> Eles o convidaram para a festa em Hlíðarendi.

O verbo *bjóða* aqui, regendo o dativo como seu objeto, não pode gerar a estrutura passiva como *búa* no exemplo anterior. Nesse caso, o objeto (no dat.) da voz ativa continua sendo objeto (no dat.) na voz passiva, e o particípio fica no neutro singular. O particípio deve estar sempre no neutro pois não está concordando com *honum*, que não é sujeito da frase.

---

[1] Em português, do mesmo modo, o verbo assistir com o sentido de "observar" é transitivo indireto (toma objeto mediado por preposição a); assim, a frase "eu assisti ao jogo" não pode ser transformada em voz passiva com a construção "o jogo foi assistido"! No nórdico, a solução para esses casos é manter o verbo ativo, agora no particípio, mas com o seu objeto da voz ativa novamente flexionado como objeto. É como se pudéssemos dizer em português "foi assistido ao jogo", sendo que "foi assistido" é uma construção impessoal, sem sujeito.

Exercícios

1. Relacione os particípios da coluna da esquerda aos infinitivos da coluna da direita.

1.	sagðr, sǫgð, sagt	a.	sigla
2.	fagnat	b.	segja
3.	sigldr, sigld, siglt	c.	hafa
4.	farinn, farin, farit	d.	fara
5.	elskaðr, elskuð, elskat	e.	þiggja
6.	drepinn, drepin, drepit	f.	drepa
7.	kallaðr, kǫlluð, kallat	g.	kalla
8.	hafðr, hǫfð, haft	h.	fylla
9.	fylldr, fylld, fyllt	i.	fagna
10.	þeginn, þegin, þegit	j.	koma
11.	genginn, gengin, gengit	k.	elska
12.	kominn, komin, komit	l.	ganga

2. Complete as lacunas com a forma apropriada dos particípios pretéritos dos verbos dados.

1. Þeir hǫfðu __________ búðir sínar upp frá vatninu. (gera)
2. Leifr kunni því stórilla, því at Tyrkir hafði lengi __________ með þeim feðgum ok __________ mjǫk Leif í barnœsku. (vera; elska)
3. En er þeir váru skammt __________ frá skála, þá gekk Tyrkir í móti þeim, ok var honum vel __________. (koma; fagna)
4. Ek var __________ ekki miklu lengra en þit. (ganga)
5. Svá er __________, at eptirbátr þeira var __________ af vínberjum. (segja; fylla)
6. Hann var síðan __________ Leifr inn heppni. (kalla)
7. En þá er þú hefir __________ Úlfar, skaltu taka af honum gripi, þá er hann hefir __________ af Arnkatli. (drepa; þiggja)

8. Ok er þeir váru á brott ____________, kvað Þórarinn vísu. (fara)
9. Váru þá ____________ af honum sannar sǫgur. (hafa)
10. En engi ǫnnur sannendi hafa menn til þess, nema þau, sem nú váru __________. (segja)
11. Ok er þeir hǫfðu __________ um stund, gekk veðr til landsuðrs ok austrs ok gerði storm mikinn, ok bar þá norðr um Írland. (sigla)

3. Em quais frases há concordância entre o particípio e o sujeito do verbo auxiliar? Por quê?

4. Após corrigi-las, traduza as frases do exercício anterior.

5. Antes de ler o texto abaixo, relacione os particípios abaixo aos respectivos infinitivos. Analise a forma do particípio, indicando se é forte ou fraco e em que gênero e número está.

1.	sét	a.	dylja
2.	leitat	b.	flytja
3.	heyrt	c.	kveða
4.	flutt	d.	heyra
5.	kveðit	e.	leita
6.	sótt	f.	liggja
7.	dulið	g.	sjá
8.	legit	h.	veita
9.	staðit	i.	sœkja
10.	veittr	j.	standa

6. Leitura adicional: O ritual de divinação de Þorbjǫrg (continuação da leitura inicial da lição, *Eiríks saga rauða*, IV)

En um morgininn, at áliðnum degi, var henni **veittr** sá umbúningr, sem hon þurfti at hafa til at fremja seiðinn. Hon bað ok fá sér konur þær, er kynni frœði þat, sem til seiðsins þarf ok Varðlokur hétu. En þær konur fundusk eigi.

Guðríðr Þorbjarnardóttir e seu marido Þorfinnr Karlsefni em Vínland, por Albert Bobbett.

Þá var **leitat** at um bœinn, ef nǫkkurr kynni. Þá segir Guðríðr: „Hvárki em ek fjǫlkunnig né vísendakona, en þó kenndi Halldís, fóstra mín, mér á Íslandi þat kvæði, er hon kallaði Varðlokur."

Þorkell segir: „Þá ertu happfróð."

Hon segir: „Þetta er þat eitt atferli, er ek ætla í engum atbeina at vera, því at ek em kristin kona."

Þorbjǫrg segir: „Svá mætti verða, at þú yrðir mǫnnum at liði hér um, en þú værir þá kona ekki verri en áðr; en við Þorkel mun ek meta at fá þá hluti til, er hafa þarf."

Þorkell herðir nú at Guðríði, en hon kvezk gera mundu sem hann vildi. Slógu þá konur hring um hjallinn, en Þorbjǫrg sat á uppi. Kvað Guðríðr þá kvæðit svá fagrt ok vel, at engi þóttisk **heyrt** hafa með fegri rǫdd kvæði **kveðit**, sá er þar var hjá.

Spákonan þakkar henni kvæðit ok kvað margar þær náttúrur nú til hafa **sótt** ok þykkja fagrt at heyra, er kvæðit var svá vel **flutt**,

— „en áðr vildu við oss skiljask ok enga hlýðni oss veita. En mér eru nú margir þeir hlutir auðsýnir, er áðr var ek **dulið**, ok margir aðrir. En ek kann þér þat at segja, Þorkell, at hallæri þetta mun ekki haldask lengr en í vetr, ok mun batna árangr sem várar. Sóttarfar þat, sem á hefir **legit**, man ok batna vánu bráðara. En þér, Guðríðr, skal ek launa í hǫnd liðsinni þat, er oss hefir af þér **staðit**, því at þín forlǫg eru mér nú allgløggsæ. Þú munt gjaforð fá hér á Grœnlandi, þat er sœmiligast er, þó at þér verði þat eigi til langæðar, því at vegar þínir liggja út til Íslands, ok man þar koma frá þér bæði mikil ætt ok góð, ok yfir þínum kynkvíslum skína bjartari geislar en ek hafa megin til at geta slíkt vandliga **sét**; enda far þú nú heil ok vel, dóttir."

Glossário

allgløggsær adj. totalmente claro, manifesto
atbeini m. ajuda, assistência
atferli n. procedimento
auðsýnn adj. facilmente visível, evidente, manifesto
áliðinn adj. passado, decorrido || *at áliðnum degi* após um dia passado, com um dia decorrido
árangr m. estação || colheita, produtos da terra
batna v. melhorar
bjartari superl. de *bjartr* || *bjartari ... en* mais brilhantes ... do que
bráðara comp. de ► **bráðr**
bráðr adj. súbito, repentino, breve || *vánu bráðara* mais repentinamente do que se espera
bæði n. sing. do pron. *báðir* || *bæði ... ok* tanto ... quanto, tanto ... como
dagr m. dia
duliðr part. pret. de ► **dylja**
dylja v. manter (alguém) na ignorância, esconder || *var ek dulið* que antes me eram ocultas (as coisas) — literalmente, que antes eu era mantida na ignorância (das coisas)
eitt n. do num. **einn**, **ein**, **eitt**, um, único
enda conj. e se || mesmo se || e também, e além disso, e de fato || e agora, e então
ertu : *ert þú*
fagrt. adj. n. pode ser traduzido como adv. belamente
far imper. de *fara* || *far þú nú heil ok vel* vai agora sã e bem (fórmula de despedida)
fá til : providenciar, prover
fegri superl. mais bela
fjǫlkunnigr adj. versado em magia
flutt part. pret. de ► **flytja**
flytja v. carregar, transportar || declamar, recitar
forlǫg n. pl. destino
fóstra f. mãe de criação
fremja v. realizar, executar, praticar
frœði n. e f. conhecimento, sabedoria || conhecimento mágico || encantamento
geisl m. raio

geta v. pegar, obter, ganhar || supor, adivinhar || *geta* + part. pret. de outro verbo poder, ser capaz de: *geta slíkt vandliga sét* poder ver assim plenamente
gjaforð n. partido (potencial marido para uma mulher)
halda v. segurar, manter || *haldask* permanecer, continuar, durar
hallæri n. fome, escassez de alimentos, estação ruim
happfróðr adj. sábio na ocasião certa
heill adj. são, saudável
herða v. pressionar, exortar
heyra (heyrða, heyrt) v. ouvir, escutar
hér adv. aqui || *hér um* por aqui
hétu pret. de *heita*
hjallr m. tablado
hjá prep. junto a, ao lado de || *vera hjá* estar presente || *sá er þar var hjá* completa o pron. *engi* da oração principal
hlýðni f. obediência
hǫnd f. mão || *í hǫnd* prontamente, imediatamente
hringr m. anel (ou bracelete) || círculo
hvárki... né : nem... nem
kann de ► **kunna**
kenna (kennda) v. dat. e ac. ensinar (algo a alguém) || sentir, perceber, reconhecer
koma v. vir, chegar || *koma frá þér* partir de ti
kristinn adj. cristão
kunna v. saber, conhecer || (com inf.) poder
kveðit part. pret. de *kveða*
kvæði n. poema, canção
kynkvísl f. linhagem, ramo familiar || *yfir þínum kynkvíslum* sobre os teus descendentes
kynni subj. pret. de ► **kunna** || *er kynni* ... que conhecessem || *ef nǫkkurr kynni* se alguém conhecia
langæð f. longa duração || *þó at þér verði þat eigi til langæðar* conquanto este não te seja duradouro, embora este não te venha a ser duradouro
launa v. repagar, recompensar
legit part. pret. de ► **liggja**
leita v. procurar || *var leitat at um bœinn* foi procurado pela fazenda
lengi adv. por muito tempo || *lengr en* por mais tempo do que
liðsinni n. auxílio, ajuda
liggja v. jazer, estar situada, estar || *liggja á* impôr-se sobre, assolar, acometer || *liggja út til Íslands* estendem-se para a Islândia, isto é: conduzem-te à Islândia
man : variante de *mun*
með prep. com
megin n. poder, força
meta v. estimar, atribuir valor || *meta við* delegar a decisão a
mundu inf. pret. de *munu* || *kvezk gera mundu* diz que faria
mætti (subj. pret. de *mega*) : poderia || *svá mætti verða, at þú yrðir mǫnnum at liði* assim poderia acontecer de tu vires a ser de ajuda às pessoas, tu poderias assim vir a ser de ajuda às pessoas
náttúra f. natureza || espírito, poder sobrenatural
nú adv. agora
rǫdd f. voz
sat pret. de sitja
seiðr m. feitiço, encantamento
sem conj. como || à medida que
sét part. pret. de *sjá*
sitja v. sentar, estar sentado
skilja v. separar || *skiljask við* separar-se de
skína v. brilhar, luzir
slá v. bater, forjar, matar || *slá hring um* formar um círculo em torno de, cercar
slíkr adj. tal; este, aquele
slógu pret. de ► **slá**

sótt part. pret. de ▶ **sœkja**
sœkja v. procurar, ir atrás de, visitar, atacar, perseguir || *nú til hafa sótt* terem agora vindo fazer-se presentes, terem vindo visitar (complemento do verbo *kvað*)
sœmiligast superl. de ▶ **sœmiligr**
sœmiligr adj. honorável, digno, condigno
sótt part. pret. de ▶ **sœkja**
sóttarfar n. doença
spákona f. profetisa
staðit part. pret. de *standa* || *er oss hefir af þér staðit* que partiu de ti a nós, que veio de ti a nós, isto é: que recebemos de ti
umbúningr m. equipamento, preparação, aparato
uppi adv. em cima, no alto
út adv. fora, para fora || contém a noção também de "para o mar aberto" e, quando se faz referência ao trajeto que leva à Islândia, *út* indica "para a Islândia" ou "na Islândia"
vandliga adv. cuidadosamente, atenciosamente, completamente, plenamente
Varðlokur f. pl. cantos para invocar espíritos — a tradução e a etimologia deste vocábulo são debatidas. Pode-se interpretar o radical *varð-* como "guardião" e assim entenderíamos o termo como indicando fórmula mágica para invocar espíritos protetores.
ván f. esperança, expectativa
vára v. chegar a primavera, fazer-se a primavera
vegr m. caminho, estrada, modo
veita (veitta) v. oferecer, conceder, prestar
veittr part. pret. de ▶ **veita**
verði subj. de *verða*
verri : pior || *verri en áðr* pior do que antes
vetr (gen. sing. vetrar) m. inverno || *í vetr* este inverno
vísendakona f. mulher sábia, sibila
værir : serias (subj. pret. de *vera*)
yfir prep. sobre, em cima, por cima
þakka v. dat. ac. agradecer (no dat. a pessoa a quem se agradece, no ac. aquilo pelo que se agradece)
þó conj. porém, contudo, não obstante || *þó at* (comumente contraído: *þótt*) ainda que, conquanto
ætt f. linhagem

Vocabulário a ser memorizado

dagr	hǫfuð	nú	tími
enda	inn	oddr	vatn
háttr	kenna	siðr	vita
heyra	líta(sk)	skilja	þó
hér	lítill	sumr	þó at (þótt)

Unidade 13

Leitura: O fantasma de Gunnarr declama versos do túmulo (*Brennu-Njáls saga*, LXXVIII)

Sá atburðr varð at Hlíðarenda, at smalamaðr ok griðkona ráku fé hjá haugi Gunnars; þeim þótti Gunnarr vera kátr ok kveða í hauginum. Fóru þau heim ok sǫgðu Rannveigu, móður Gunnars, atburðinn, en hon bað þau segja Njáli; þau fóru til Bergþórshváls ok sǫgðu Njáli, en hann lét þau segja sér þrim sinnum. Síðan talaði hann lengi hljótt við Skarpheðin; Skarpheðinn tók øxi sína ok ferr með þeim til Hlíðarenda. Þau Hǫgni ok Rannveig tóku við honum allvel ok urðu honum fegin mjǫk; Rannveig bað hann vera þar lengi, ok hann hét því. Þeir Hǫgni gingu út ok inn jafnan. Hǫgni var

Gunnarr de Hlíðarendi, por Andreas Bloch.

maðr vaskligr ok vel at sér gǫrr ok tortryggr; þorðu þau eigi af því at segja honum fyrirburðinn.

Þeir Skarpheðinn ok Hǫgni váru úti eitt kveld fyrir sunnan haug Gunnars; tunglskin var bjart, en stundum dró fyrir. Þeim sýndisk haugrinn opinn, ok hafði Gunnarr snúizk í hauginum ok sá í móti tunglinu; þeir þóttusk fjǫgur ljós sjá brenna í hauginum, ok bar hvergi skugga á. Þeir sá, at Gunnarr var kátligr ok með gleðimóti miklu. Hann kvað vísu ok svá hátt, at þó mátti heyra gǫrla, þó at þeir væri firr:

Mælti dǫggla deilir,
dáðum rakkr, sá er háði
bjartr með beztu hjarta
benrǫgn, faðir Hǫgna:
Heldr kvazk hjálmi faldinn
hjǫrþilju sjá vilja
vættidraugr en vægja,
val-Freyju stafr, deyja —
ok val-Freyju stafr deyja.

(Dǫggla deilir, dáðum rakkr, faðir Hǫgna, sá er háði bjartr með beztu hjarta benrǫgn, mælti: Heldr kvazk sjá hjǫrþilju vættidraugr, val-Freyju stafr, vilja deyja hjálmi faldinn en vægja.)

Síðan lauksk aptr haugrinn. „Myndir þú trúa,“ segir Skarpheðinn, „ef aðrir segði þér?“ „Trúa mynda ek, ef Njáll segði mér,“ segir Hǫgni, „því at þat er sagt, at hann ljúgi aldri.“ „Mikit er um fyrirburði slíka,“ segir Skarpheðinn, „er hann sjálfr vitrask okkr, at hann vildi heldr deyja en vægja fyrir óvinum sínum, ok kenndi hann okkr þau ráð.“ „Engu mun ek til leiðar koma,“ segir Hǫgni, „nema þú vilir mér at veita.“ Skarpheðinn mælti: „Nú skal ek þat muna, hversu Gunnari fór eptir víg Sigmundar, frænda yðvars. Skal ek nú veita þér slíkt, er ek má; hét faðir minn því Gunnari, þar er þú ættir hlut at eða móðir hans.“ Gengu þeir síðan heim til Hlíðarenda.

Glossário

aldri adv. nunca
allvel adv. completamente bem, muitíssimo bem
atburðr m. evento, fato, incidente
bar pret. de ► **bera**
benrǫgn n. chuva de sangue (*kenning* para batalha, mortandade)
bera (ber; bar, báru; borinn) v. levar, portar, carregar || *ok bar hvergi skugga á* e não projetava sombra em parte alguma
beztu : melhor
brenna v. arder, queimar
dáð f. feito, valor, virtude
deilir m. distribuidor, dador
deyja v. morrer
draga (dreg; dró, drógu; dreginn) v. arrastar, puxar || *dró fyrir* a lua era encoberta por nuvens
dró pret. de ► **draga**
dǫggla gen. pl. de *dǫgull* anel? || *dǫggla deilir* distribuidor de anéis (?), *kenning* para "homem"
ef conj. se
eitt num. card. n. um
falda v. entoucar || *hjálmi faldinn* envolto com elmo, com elmo na cabeça, i.e. em meio à batalha
faldinn part. de falda
feginn adj. alegre
fé n. gado; riqueza, bem de valor; dinheiro
firr adv. longe
fjǫgur num. card. quatro
frændi m. parente
fyrirburðr m. visão, aparição
gingu : variante de *gengu*
gleðimót n. semblante alegre
griðkona f. serva, servente, criada
gǫrla adv. bastante, plenamente
haugr m. túmulo (monte funerário)
háði pret. de heyja
heita v. 1 chamar-se || 2 (com dat.) prometer [na segunda acepção, o presente é conjugado *heit, heitr, heitr*]
heyja (háða) v. ter, conduzir || *heyja benrǫgn* kenning para "travar batalha"
hét pret. de ► **heita**
hjá prep. junto a, ao lado de
hjálmr m. elmo
hjǫrþilja f. poet. "prancha/convés da espada", i.e. escudo || *hjǫrþilju vættidraugr* fantasma que porta o escudo, i.e. Gunnarr
hljóðr adj. silencioso, quieto || *talaði hljótt* falou em baixa voz, secretamente
hlutr m. parte || *eiga hlut* ter parte, participar, ser parte interessada em
hvergi adv. em nenhum lugar, em parte alguma
kátligr adj. alegre
kátr adj. alegre, exultante
kveld n. noite (primeira parte da noite)
lauksk pret. med. de ► **lúka**
láta (læt; lét; látinn) v. deixar, pôr; fazer com que (algo seja feito), ter (algo feito), mandar (fazer algo) || *lét þau segja* fez com que eles dissessem, fê-los dizerem, deixou que eles dissessem
leið f. caminho || *Engu mun ek til leiðar koma* Eu não conseguirei realizar nada
lét pret. de *láta*
ljós n. luz
ljúgi subj. de *ljúga* minta || *at hann ljúgi aldri* que ele nunca mente
lúka (lýk; lauk, lukum; lokinn) v. fechar; abrir || *lúka aptr* fechar
muna (man; munda; munaðr) v. recordar-se, lembrar

mynda subj. pret. de *munu* || *trúa mynda* acreditaria
myndir subj. pret. de *munu* || *myndir þú trúa* tu acreditarias
nema : a menos que, a não ser que
opinn adj. aberto
óvinr adj. inimigo
rakkr adj. ereto
ráku pret. de ► **reka**
reka (rek; rak, rákum; rekinn) v. dirigir, conduzir, compelir, empurrar
segði subj. pret. de *segja* dissesse, dissessem
sinn n. vez
sjálfr adj. próprio, mesmo
skuggi m. sombra
slíkr adj. tal; este, aquele
smalamaðr m. pastor
snúa (sný; snera *ou* snøra; snúinn) v. voltar, virar || *snúask* voltar-se, virar-se
snúizk part. pret. de ► **snúask** (snúit+sk)
stundum adv. às vezes, por vezes, de tempos em tempos
sunnan adv. desde o sul, ao sul || *fyrir sunnan* a sul de
taka við : receber
tortryggr adj. incrédulo
trúa v. crer, acreditar
tungl n. lua
tunglskin n. brilho da lua, luar
urðu pret. de ► **verða**
val-Freyja f. poet. Freyja da batalha, i.e. deusa da batalha, valquíria || *stafr val-Freyju* bastão/haste da deusa da batalha, i.e. guerreiro
varð pret. de ► **verða**
vaskligr adj. valente, galante
veita (-ta) v. conceder, dar; ajudar, assistir
vel adv. bem || *vel at sér gǫrr* imponente, capaz
verða v. tornar-se, fazer-se, dar-se, ocorrer
vilir subj. de *vilja* queiras
vitra v. manifestar, revelar || **vitrask** v. revelar-se, aparecer (em sonho ou visão)
víg n. assassínio, homicídio, morte
vísa f. verso, estrofe
vægja v. ceder, dobrar-se, curvar-se (diante de alguém)
vættidraugr m. poet. fantasma que porta, fantasma que brande
þora (-ða) v. ousar, ter coragem (para algo)
þó at : ainda que, conquanto, apesar de || *þó at þeir væri firr* apesar de eles estarem longe, embora estivessem longe
þrim num. dat. três || *þrim sinnum* três vezes
ættir subj. pret. de *eiga*: *tivesses*
øx f. machado

Gramática

13.1. Declinação forte e fraca dos adjetivos

Até aqui, temos utilizado os termos *forte* e *fraco* para designar tipos de palavras (substantivos e verbos) de acordo com o modo como elas são flexionadas. Assim, *konungr* é um substantivo masculino forte por ter a terminação de nominativo singular *-r*, diferentemente de *hǫfðingi*, que você reconhece como um substantivo masculino fraco, devido à terminação em *-i* para o nominativo singular. Com relação aos verbos, sabemos que *sagði* é um pretérito fraco, pois reconhecemos o sufixo de pretérito *-ð* antes da desinência.

Com relação aos adjetivos, entretanto, deve-se ter em mente que não falamos de "adjetivos fortes" e "adjetivos fracos", mas sim de *forma forte* e *forma fraca* de um mesmo adjetivo. Mas quando se deve usar a forma forte e quando a fraca? Basicamente, um adjetivo é flexionado na forma fraca quando estiver modificando em posição atributiva (dentro do sintagma, e não como predicativo) um substantivo determinado por artigo definido, por um pronome demonstrativo ou possessivo (normalmente o demonstrativo e o possessivo são acompanhados do artigo definido). Além disso, quando servindo como epíteto para nomes próprios, o adjetivo pode tomar a forma fraca mesmo sem a presença do artigo. Observe as frases abaixo e atente para os adjetivos:

a. Hann var sonr Sighvats ins **rauða**.
b. Þar skalt þú hafa undir in **góðu** klæði þín ok taparøxi í hendi.
c. Synir Njáls komu heim til búðar ok spurði Skarphéðinn hvaðan fé þat it **mikla** ok it **góða** kœmi er faðir hans hélt á.
d. Þar bjó Hallbjǫrn inn **sterki**.

Na frase **a**, o adjetivo *rauðr*, cujo genitivo singular que você conhece (forma forte) é *rauðs*, aparece na forma fraca, pois está modificando um nome próprio determinado, que no nominativo seria *Sighvatr inn rauði*. Nestes casos de epítetos para nomes próprios, o uso do artigo é facultativo. O mesmo se dá na frase **d** com o adjetivo *sterki*, forma fraca do já conhecido *sterkr*. Na frase **b**, tem-se um substantivo neutro plural, *klæði*, determinado pelo pronome possessivo *þín* e mais o artigo definido *in*, o que exige que o adjetivo seja empregado na forma fraca: *góðu*, e não *góð*. Na frase **c,** temos os adjetivos *mikla* e *góða* (e não *mikit* e *gott*, que seriam os neutros singulares fortes), devido à presença do demonstrativo *þat* e do artigo *it*. Existem alguns casos especiais que, quando ocorrerem, serão analisados individualmente em glossários e notas.

Note que nestes casos o artigo definido não é sufixado, sendo empregado na forma independente, como uma palavra destacada. No islandês antigo você não encontrará *mikli maðrinn*, e sim *inn mikli maðr*. Note-se que o emprego do artigo em sua forma independente é bem menos usual no islandês moderno, no qual é mais comum manter o artigo como sufixo, mesmo na presença de um adjetivo (*mikli maðurinn* é a forma usual islandesa moderna).

13.1.2. A forma fraca dos adjetivos

Há muitas semelhanças entre as desinências fracas dos adjetivos e as desinências dos substantivos fracos. O singular masculino tem *-i* para o nominativo e *-a* para os demais casos (lembre-se de *bogi—boga*); o singular feminino tem *-a* para o nominativo e *-u* para os demais casos (lembre-se de *kona—konu*); o neutro, por fim, tem *-a* para todos os casos no singular (lembre-se de *auga*). O plural (diferentemente do que se dá com os substantivos fracos) é igual para os três gêneros: *-um* para o dativo plural, *-u* para os demais casos. Veja como fica o adjetivo *góðr*:

Singular:

	m.	*f.*	*n.*
nom.	**góð-i**	**góð-a**	**góð-a**
ac.	**góð-a**	**góð-u**	**góð-a**
dat.	**góð-a**	**góð-u**	**góð-a**
gen.	**góð-a**	**góð-u**	**góð-a**

Plural (igual para os três gêneros):

nom.	**góð-u**
ac.	**góð-u**
dat.	**góð-um**
gen.	**góð-u**

Para flexionar os adjetivos na forma fraca, basta adicionar ao radical as terminações destacadas acima. Adjetivos que sofrem síncope, como *mikill→miklir*, têm todas as formas fracas montadas com o radical sincopado, ex.: Írland it **mikla**.

13.2. Comparativos e superlativos de adjetivos

Os adjetivos em nórdico flexionam-se em **gênero**, **número**, **caso** e **grau.** Além disso, há a distinção entre a **forma forte** e a **forma fraca**, que diz respeito basicamente à **determinação** (com ou sem determinante, isto é, artigo definido, demonstrativos). Até o momento, você estudou a flexão dos adjetivos na forma forte e fraca no grau normal (***sterkr**, inn **sterki** maðr*). Veremos agora os graus **comparativo** e **superlativo**.

13.3. Comparativo

O comparativo é formado com o sufixo **-(a)r-** e as mesmas desinências que você verá no particípio presente ativo (vol. 3). Veja o comparativo de **ríkr** (poderoso) → **ríkari**, “mais poderoso”:

Singular

	m.	*f.*	*n.*
nom.	**ríkari**	**ríkari**	**ríkara**
ac.	**ríkara**	**ríkari**	**ríkara**
dat.	**ríkara**	**ríkari**	**ríkara**
gen.	**ríkara**	**ríkari**	**ríkara**

No plural, apresenta a mesma forma para os três gêneros: **ríkari** (nom., ac., gen.) e **ríkurum** (dat.)

O comparativo apresenta somente a forma fraca.

Estruturas comparativas podem usar o dativo ou a conjunção *en*. Observe:

Þau váru **dýrum** skjótari.
Eles eram mais velozes **do que animais**.

Hvárki skorti þar lax í ánni né í vatninu, ok stœrra lax **en þeir hefði fyrr sét**.
Não faltava lá salmão nem no rio nem no lago, e salmão maior **do que eles tinham antes visto**.

13.4. Superlativo

O superlativo é formado com o sufixo *-(a)st-* mais as desinências regulares de adjetivos, **tanto fortes como fracas**. O superlativo é morfologicamente um adjetivo regular. O superlativo de **ríkr é ríkastr,** "o mais poderoso, poderosíssimo". Sua flexão segue o padrão que você já conhece:

ríkastr, ríkust, ríkast, ríkastan, ríkasta etc.
inn ríkasti, inn ríkasta, ins ríkasta etc.

É comum a construção de superlativo com o genitivo:

Hon var **allra kvenna** fegurst.
Ela era **de todas as mulheres** a mais bela.

13.5. Mutação frontal no comparativo e superlativo

Alguns adjetivos apresentam mutação frontal nos graus comparativo e superlativo:

fagr — fegri — fegrstr
ungr — yngri — yngstr
langr — lengri — lengstr

13.6. Comparativos e superlativos irregulares

Alguns adjetivos têm o comparativo e o superlativo formados com outra raiz, e devem ser memorizados separadamente:

betri, **beztr (baztr)** — "melhor, o melhor, excelente..." servem como comparativo e superlativo de **góðr**
ellri, **elztr** — "mais velho, velhíssimo..." servem como comparativo e superlativo de **gamall**
meiri, **mestr** — "maior, mais, o maior, máximo" servem como comparativo e superlativo de **mikill**
minni, **minstr** — "menor, o menor, mínimo..." servem como comparativo e superlativo de **lítill**
verri, **verstr** — "pior, o pior, péssimo..." servem como comparativo e superlativo de **illr** e de **vándr**

Outros comparativos derivam de advérbios e não apresentam forma de adjetivo no grau normal:

eptri, **epztr (aptastr)** — adjetivo comparativo e superlativo formado a partir de *aptr*
eystri, **austastr** — adjetivo comparativo e superlativo formado a partir de *austr*
fyrri, **fyrstr** — adjetivo comparativo e superlativo formado a partir de *fyrir*
øfri (efri), **øfstr (efstr)** — adjetivo comparativo e superlativo formado a partir de *of*
ýtri, **ýztr** — adjetivo comparativo e superlativo formado a partir de *út*

Exercícios

1. Leia as frases abaixo e identifique a forma dos adjetivos destacados (grau, gênero, número e caso).

1. Hví hefir in **fegri** kona **færi** hringa eða **verra** búnað?
2. Er hon þar nú í **miklum** sóma ok þykkir in **virðuligasta** kona.
3. Konungrinn varð **glaðr** við er hann sá þau in **hvǫssu** augu er hann bar í hǫfði.
4. Sigurðr kallar hestinn Grana, ok hefir sá hestr **beztr** verit.
5. Sigurðr stýrir dreka þeim er **mestr** var ok **ágætligastr**.
6. Teksk þar in **harðasta** orrosta með þeim.
7. Þá svarar inn **gamli** maðr.
8. Þetta eru þín ráð, en annat mun ek gera. Ek mun ríða til þíns bóls ok taka þar it **mikla** gull er frændr þínir hafa átt.
9. Ríða muntu þar til er þú finnr svá **mikit** gull at **œrit** er um þína daga, ok þat **sama** gull verðr þinn bani ok hvers annars er þat á.
10. Ok þá er talðir eru allir inir **stœrstu** kappar ok inir **ágæztu** hǫfðingjar, þá mun hann jafnan **fremstr** talðr, ok hans nafn gengr í ǫllum tungum fyrir norðan Grikklands haf, ok svá mun vera meðan verǫldin stendr.

2. Nas frases do exercício anterior, quais adjetivos estão na forma fraca e quais na forma forte, e por quê?

3. Traduza as frases acima.

4. Antes de ler o texto abaixo, analise os superlativos e indique qual é a forma do adjetivo no grau normal. Indique também se está na forma forte ou fraca.

a. ágæztu
b. vænsti
c. vitrasti
d. spakastr

5. Leitura adicional I: Os Æsir guerreiam contra os Vanir (*Ynglinga saga*, IV - *Heimskringla*)

Óðinn fór með her á hendr Vǫnum, en þeir urðu vel við ok vǫrðu land sitt, ok hǫfðu ýmsir sigr. Herjuðu hvárir land annarra ok gerðu skaða. En er þat leiddisk hvárumtveggjum, lǫgðu þeir milli sín sættarstefnu ok gerðu frið ok seldusk gíslar. Fengu Vanir sína ina **ágæztu** menn, Njǫrð inn auðga ok son hans, Frey, en Æsir þar í mót þann, er Hœnir hét, ok kǫlluðu hann allvel til hǫfðingja fallinn. Hann var mikill maðr ok inn **vænsti**. Með honum sendu Æsir þann, er Mímir hét, inn **vitrasti** maðr, en Vanir fengu þar í mót þann, er **spakastr** var í þeira flokki. Sá hét Kvasir.

Óðinn atira sua lança contra os Vanir, por Lorenz Frølich.

Glossário

allvel adv. muito bem, totalmente bem || *ok kǫlluðu hann allvel til hǫfðingja fallinn* e declararam-no muito bem talhado para (exercer a função de) chefe

ágætr adj. excelente, célebre

flokkr m. tropa, companhia

friðr m. paz

gísl m. refém (como garantia para a paz acordada)

herja v. guerrear em busca de espólios do inimigo vencido

herr m. exército, tropa
hǫnd (gen. sing. **handar**, nom. pl. **hendr**) f. mão || *á hendr* + dat. contra
leiddisk pret. de ► **leiðask**
leiðask (leiddask) v. med. + dat. aborrecer || *en er þat leiddisk hvárumtveggjum* e quando isso aborreceu a ambas as partes, quando ambas as partes se cansaram disso
lǫgðu pret. de *leggja*
með prep. com
selja (selda) v. conceder, entregar || *seldusk gíslar* trocaram reféns, entregaram uns aos outros reféns (como garantia de paz)
senda (pret. **senda**) v. enviar
sigr (gen. **sigrs**) m. vitória
skaði m. dano, destruição
spakr adj. sábio, previdente
sættarstefna f. encontro para selar a paz, encontro conciliatório || *lǫgðu þeir milli sín sættarstefnu* realizaram um encontro para selar a paz entre si
urðu pret. de *verða* || *urðu vel við* reagiram bem a isso
Vanir m. pl. os deuses Vanir
verja (pret. **varða**) v. defender
vǫrðu pret. de de ► **verja**
vænn adj. belo || promissor
þar í mót : em contrapartida

6. Leitura adicional II: Prenúncios da batalha de Örlygsstaðir (*Íslendinga saga*, 136 — *Sturlunga saga*)[2]

Hafliði prestr Ljótsson heyrði kveðit í Halleyjarhóli:

Ríðum allir
rógstefnu til,
sonr Sigrlaðar.
Þar snarir berjask,
sem þeir berjask.

Þórarin Gilsson dreymdi, at kona kvæði þetta:

Mun ek brátt fara
berja grjóti,
þars þeir berjask
Björn ok Sighvatr.

Einar kláp dreymdi, at þetta væri kveðit:

Dauðr es hersir,

[2] Note que nesta edição (Jónsson, 1953) as letras **ǫ** e **ø** são substituídas por **ö**, e a letra **œ** é substituída por **æ**.

dauðr es dolg-Rögnir,
dauðir eru niðjar,
logheimr búinn,
logheimr búinn.

(...)

Jón hét maðr ok var Grettisson. Hann dreymdi, at maðr kom at honum ok kvað þetta:

Varizk ér, ok varizk ér,
vindr es í lofti.
Blóði mun rigna
á berar þjóðir.
Þá mun oddr ok egg
arfi skipta.
Nú es in skarpa
skalmöld komin.

Os poemas lidos acima foram musicados, com instrumentos medievais e tradicionais, pelo grupo islandês *Voces Thules*, no álbum *Sturlunga, Battle of Iceland* (2009).

Glossário

arfr m. herança
berja v. bater, golpear
berjask v. lutar
berr adj. nu, desnudo, descoberto
blóð n. sangue
brátt adv. em breve, logo
búinn part. pret. de *búa*
dolg-Rögnir (dólg-Rǫgnir) m. Óðinn da inimizade, isto é, *guerreiro* (**dólg** n. inimizade; Rǫgnir, um nome de Óðinn)
dreyma v. sonhar [o verbo é impessoal, e quem sonha algo é objeto, no ac.]
egg f. fio (de arma de corte)
es : variante arcaica de *er*
ér : variante arcaica de *þér*
grjót n. pedras (o sing. tem noção de coletivo) || *berja grjóti* apedrejar
Halleyjarhóll m. nome de lugar (localização incerta na Islândia)
hersir m. na Noruega antes da unificação, um chefe guerreiro local || aqui, poeticamente, designa simplesmente "chefe"

klápr (=kláfr) m. uma caixa carregada no lombo do cavalo || aqui um apelido
kvæði (subj de *kveða*) : recitava (serve como complemento de *dreymdi, at*)
loft (lopt) n. ar, céu, atmosfera
logheimr m. mundo das chamas, isto é, inferno
niðr (pl. **niðjar**) m. filho, descendente || aqui designa poeticamente *homens*
prestr m. padre
rigna v. chover (*rigna blóði* — obj. no dat.)
rógstefna f. poet. encontro da discórdia, convocação da discórdia, isto é: batalha || *rógstefnu til = til rógstefnu*
sem : (aqui) quando
Sigrlöð (Sigrlǫð) f. uma valquíria; *sonr Sigrlaðar* designa "guerreiro"
skalmöld (skálmǫld) f. poet. "era da espada", isto é, "tempos belicosos"
skarpr adj. ressecado || estéril || agudo, aguçado, duro, cortante
skipta v. dividir, repartir
snarr adj. agudo, aguçado || *snarir* aqui é adj. substantivado, e conota "homens duros", "homens mortíferos"
varizk imper. de *varask* (resguardar-se) || *varizk ér* resguardai-vos
vindr m. vento
væri subj. pret. de *vera* || aqui está subordinado a *dreymdi at*, e pode ser traduzido como "foi" no indicativo em português
þars : contração de *þar es* (*þar er*)
þjóð f. povo, gente, nação || aqui poet.: *þjóðir* homens

Vocabulário a ser memorizado

arfr
auðigr
ágætr
berja
berjask
blóð
dreyma
egg
frændi
glaðr
herja
herr
hringr
láta
senda
skipta
slíkr
veita
vindr
vænn
øx

Unidade 14

Leitura I: Constantinopla (de um tratado de geografia)[3]

Eyropa heitir hinn þridi hlutr iardar, hann er i beggia ętt vestrs ok út-nordrs ok tekr i land-nordr. I austan-verdri Eyropa er Garda-riki, þar er Kęnugardr ok Holmgardr, Pallteskia ok Smaleskia. Nęst Garda-riki til út-sudrs er Grickia konungs riki, [hǫ]fut-stadr þess rikis er Constantinopolis, er ver kǫllum Miclagard. I Miklagardi er kirkia su, er aa þeira lydzku heitir Agiosophia ok Nordmenn kalla Egisif. Su er kirkia dyrliguz ok itarliguz allra kirkna i heimnum ath gerd ok [v]egsti. Undir Grickia konung er Bolgara-land [*ok*] fiǫldi e[*y*]ia þeira, er Gri[c]klandz eyiar ero kall[*adar*]. [*Krit*] ok Kipr ero agętaztar Griklandz eyia.

[3] Texto reproduzido da edição diplomática de Kålund. A única alteração que promovemos — por comodidade na diagramação — foi no *ogonek* (̨), que na edição em questão é sobrescrito; substituímos suas ocorrências sobrescritas pelas formas mais usuais subscritas (ǫ e ę).

Os varangos de Constantinopla. Ilustração de um manuscrito bizantino (séc. XI) com a crônica de Skylítzis.

Glossário

aa = *á*
agętaztar = *ágætaztar*
Agiosophia variante da palavra grega *Ἁγία Σοφία* (*Hagia Sophia* ou, com a pronúncia grega medieval e moderna, *Agia Sofia*), a igreja de Santa Sofia.
ath = *at* (a forma moderna padrão é *að*, com fricativização do **t** final; essa variante ocorre já no final do período medieval, e pode aparecer também grafa *ad*)
austan-verdri = *austanverðri* dat. de **austanverðr** adj. oriental, do leste
beggia = *beggja* (gen. pl. de *báðir*)
Bolgara-land = **Bolgaraland** n. Bulgária
Constantinopolis : forma latinizada da palavra grega *Κωνσταντινούπολις*, em português *Constantinopla*.
dyrliguz = *dýrligust* superl. de **dýrligr** adj. glorioso, esplêndido
ero = *eru*
ętt = *ætt* f. direção, ponto cardeal
eyia, eyiar = *eyja*, *eyjar*, formas flexionadas de **ey** f. ilha
Eyropa = **Európa/Evrópa** f. Europa (note que o nome *Eyropa* é objeto da prep. í e está no dat., mas não está flexionado como um f. fraco nórdico, que teria o dat. *Evrópu* na forma islandesa moderna padrão).
fjǫldi (também **fjǫlði**) m. multidão, grande quantidade
Garda-riki = **Garðaríki** n. região vasta do leste da Europa, de fronteiras um pouco vagas, que corresponde em grande medida ao território da moderna Rússia, e também Ucrânia e Bielorrúsia.
gerd = **gerð** f. circunferência
Grickia = *Grikkja* gen. pl. de **Grikkr** m. grego

Gricklandz, Griklandz = *Grikklands* gen. sing. de **Grikkland** n. Grécia (no caso, referindo-se ao território bizantino em sentido amplo)
heimr m. mundo
hǫfut-stadr = **hǫfuðstaðr** m. capital, local principal
Holmgardr = **Hólmgarðr** m. moderna Novgorod, na Rússia
i = *í*
iardar = *jarðar* gen. sing. de *jǫrð*
itarliguz = ítarligust superl. de **ítarligr** adj. imponente, belo, majestoso
kalladar = *kallaðar*
Kęnugardr = **Kænugarðr** m. moderna Kiev, na Ucrânia
Kipr = **Kípr** f. Chipre
kirkia = **kirkja** f. igreja
Krit = **Krít** f. Creta
land-nordr = **landnorðr** n. nordeste
lydzku = *lýzku/lýðsku*, ac., dat. e gen. sing. de **lýzka (lýðska)** f. costume, modo || dialeto
Miclagard (=*Miklagarð*), **Miklagardi** (= *Miklagarði*) : formas flexionadas de **Miklagarðr** m. Constantinopla
nęst = **næst** adv. superl. mais perto, próximo
Nordmenn = *Norðmenn* pl. de **Norðmaðr** m. norueguês, nórdico
Pallteskia = **Palteskja** f. moderna Polotsk, na Bielorrússia
riki = **ríki** n. estado, reino, domínio
Smaleskia = **Smaleskja** f. moderna Smolensk, na Rússia
su = *sú*
út-nordrs = *útnorðrs* gen. sing. de útnorðr n. noroeste
út-sudrs = *útsuðrs* gen. sing. de útsuðr n. sudoeste
vegsti = *vexti* dat. sing. de *vǫxtr*
ver = *vér*
þridi = **þriði** num. ord. terceiro

Leitura II: a vingança de Þorsteinn em Constantinopla (*Grettis saga*, LXXXV—LXXXVI)

Í þenna tíma fór mart Norðmanna út í Miklagarð ok gengu þar á mála. Af því þótti Þorbirni fýsiligt at fara þangat ok afla sér svá fjár ok frægðar, en hafa sik eigi í Norðrlǫndum fyrir frændum Grettis. Bjó hann nú ferð sína ór Nóregi ok fór út í lǫnd ok létti eigi, fyrr en hann kom út í Miklagarð ok gekk þar á mála; dvalðisk hann þar um hríð.

Þorsteinn drómundr kom út í Miklagarð litlu síðar en [Þorbjǫrn] Ǫngull ok vildi fyrir hvern mun drepa hann; en hvárrgi kenndi annan. Nú vildu þeir koma sér í sveit með Væringjum, ok var því vel tekit,

Grettir, o forte. Ilustração do manuscrito AM 426 fol., séc. XVII.

þegar þeir vissu, at þeir váru Norðmenn. Þá var Mikael katalak konungr yfir Miklagarði.

Þorsteinn drómundr sat nú um Ǫngul, ef hann mætti at nǫkkuru kenna hann, ok gat þat ekki leikit fyrir fjǫlmenni. Lá hann þar jafnan vakandi ok unði lítt við sinn hag; þóttisk hann mikils hafa misst. Nú var þat þessu næst, at Væringjar áttu at fara í herfǫr nǫkkura, at friða landit af hernaði. Ok áðr en þeir fóru heiman, var þat siðr þeira ok lǫg, at eiga vápnaþing, ok enn gerðu þeir svá.

Ok þá er vápnaþingit var sett, þá skyldi allir Væringjar þar koma, ok svá þeir, sem þá ætluðu at ráðask til ferðar með þeim, ok sýna vápn sín. Hér kómu þeir báðir, Þorsteinn ok Ǫngull. Bar Þorbjǫrn fyrr fram sín vápn; hann hafði þá saxit Grettisnaut. En er hann sýndi þat, þá dáðusk margir at ok sǫgðu, at þat væri allgott vápn, ok kváðu þat mikit lýti á, at skarðit var í miðri egginni, ok spurðu hann, hvat til hefði borit.

Ǫngull sagði þat frásagnarvert; „því at þat er þessu næst segjanda, at út á Íslandi," segir hann, „at ek drap kappa þann, er Grettir hét inn sterki, er þar hefir mestr garpr verit ok fullhugi, því at hann gat engi unnit, fyrr en ek kom til. Ok með því at mér varð auðit at vinna hann, þá bar ek af honum, en þó hafði hann mǫrg mín ǫfl. Hjó ek þá hǫfuð honum með saxinu, ok þá brotnaði skarð í egginni."

Þeir sǫgðu, er næstir stóðu, at sá hefði víst verit harðr í haus, ok sýndi hverr ǫðrum. Af þessu þóttisk Þorsteinn vita, hverr Ǫngull var; beiddisk at sjá saxit sem aðrir. Lét Ǫngull þat til reiðu, því at flestir lofuðu hreysti hans ok framgǫngu. Hann hugði, at þessi myndi svá gera, en hann vissi enga ván, at Þorsteinn væri þar eða frændi Grettis.

Tók Drómundr nú við saxinu, ok jafnskjótt reiddi hann þat upp ok hjó til Ǫnguls. Kom þat hǫgg í hǫfuðit ok varð svá mikit, at í jǫxlum nam staðar; fell Þorbjǫrn ǫngull dauðr til jarðar. Við þetta urðu menn mjǫk ókvæða. Greip gjaldkerinn staðarins þegar Þorsteinn ok spurði, fyrir hverja sǫk hann gerði slíkt óhœfuverk þar á heilǫgu þingi. Þorsteinn sagðisk vera bróðir Grettis ins sterka ok þat með, at hann hafði aldri hefndinni fram komit fyrr en þar.

Ok þá tóku margir undir, at sjá inn sterki maðr myndi mikill fyrir sér hafa verit, þar sem Þorsteinn hefði rekizk svá langt út í heim at hefna hans. Ráðsmǫnnum staðarins þótti þetta líkligt; en fyrir því, at engi var sá þar, er kynni nǫkkut um at bera með Þorsteini, þá váru þat lǫg þeira, at hverr sá, er mann dræpi, skyldi engu fyrir týna nema lífinu. Fekk Þorsteinn skjótan dóm ok heldr harðan; hann skyldi setja í myrkvastofu í dyblizu eina ok bíða þar bana, ef engi leysti hann út með fé.

Glossário

af prep. de || *af því* por isso || *af þessu* a partir disso, por isso
afl n. força
afla v. ganhar, obter (algo [gen.] para alguém [dat.])
allgóðr adj. completamente bom, muito bom
at nǫkkuru : de algum modo
auðit part. pret. n. de um verbo obsoleto. Na construção *verða auðit* + dat. ser dado pelo destino a || *mér varð auðit* foi-me dado pelo destino, logrei
bar pret. de ► bera
beiddisk pret. med. de ► **beiða**
beiða (beidda) v. pedir || med. *beiðask* pedir (para si)
bera v. portar, levar, carregar || *bera til* ser a causa, causar || *bera af* sobrepujar || *bera um* (vocabulário jurídico) dar veredicto ou testemunhar: *er kynni nǫkkut um at bera með Þorsteini* que pudesse testemunhar algo em favor de Þorsteinn
bíða v. esperar
borit part. pret. de ► **bera**
brotna v. quebrar, partir-se
dá v. admirar || med. *dásk at* admirar-se com algo

dáðusk pret. med. de ▶ **dá**
dómr m. julgamento
drap pret. de *drepa*
drómundr m. um navio de guerra veloz em uso no Mediterrâneo, do grego *δρόμων* [dromon] — aqui um apelido
dræpi : matasse (subj. pret. de *drepa*) || *hverr sá, er mann dræpi* qualquer um que matasse um homem
dvalðisk pret. de ▶ **dveljask**
dveljask v. permanecer, ter estada
dybliza f. masmorra, calabouço
eiga at : ter que
falla v. cair
fell pret. de falla
fé (gen. fjár) n. riqueza, dinheiro
fjǫlmenni n. multidão, muitas pessoas reunidas
flestr adj. superl. mais, maioria de
fram adv. à frente, para a frente, adiante, em frente
framganga f. coragem, intrepidez, ousadia
frásagnarverðr adj. digno de ser narrado
friða v. pacificar
frægð f. fama, renome
fullhugi m. homem intrépido, corajoso
fyrir prep. antes, diante de, em frente de, por || *fyrir því, at* pelo fato de que
fyrr adv. antes, primeiramente || *fyrr en* antes que
fýsiligr adj. desejável, atraente
garpr m. homem valente
gat : pret. de ▶ **geta**
geta v. obter, conseguir (com complemento no particípio: *engi gat unnit* ninguém conseguiu vencer)
gjaldkeri m. bailio, representante do rei
greip pret. de ▶ **grípa**
Grettisnautr m. presente de Grettir (no caso a noção de *nautr* não implica necessariamente que a espada tenha sido dada por Grettir; a ideia é de que é o espólio de Grettir)
grípa v. agarrar, apanhar, pegar
hafa sik : manter-se, permanecer
hagr m. condição, estado
hauss (pl. **hausar**) m. crânio
hefði : tinha (subj. pret. de *hafa*; está subordinado a *spurði*, *sǫgðu* e *þar sem*, em português pode-se usar o indicativo)
hefna v. vingar, vingar-se (obj. no gen.)
hefnd f. vingança
heilagr adj. sagrado
heiman adv. de casa (por vezes num sentido mais vago, com a ideia de deixar o local de origem, não necessariamente a própria moradia)
heimr m. mundo
herfǫr f. expedição militar
hernaðr m. ataque, saque, guerra para saquear
hét pret. de *heita*
hjó pret. de ▶ **hǫggva**
hǫgg n. golpe (tratando-se de arma com lâmina, entenda-se golpe no sentido de corte)
hǫggva v. golpear (no sentido de cortar com uma arma de corte)
hreysti f. valor, força
hríð f. tempestade (especialmente de neve) || ataque || um tempo, um momento || *um hríð* por um tempo, durante um tempo
hugði pret. de ▶ **hyggja**
hyggja v. pensar, acreditar
jafnskjótt adv. no mesmo instante, tão rapidamente quanto, no ato
jaxl m. molar
kappi m. herói, campeão, homem de grandes feitos
koma fram : realizar, executar

leysa v. soltar || *leysa út* libertar (da prisão)
leika v. jogar, praticar || *gat þat ekki leikit* não conseguiu realizar isso
leysti subj. pret. de ▶ **leysa**
létta (pret. létta) v. desistir, parar
líkligr adj. provável, plausível
lofa v. louvar, elogiar
lǫg n. pl. lei, leis
lýti n. falha, mácula || pena || *ok kváðu þat mikit lýti á, at* e disseram que era uma grande pena que
máli m. contrato, acordo || contrato de serviço militar pago || *ganga á mála* assoldadar-se (como mercenário)
með prep. com || *ok með því at* e uma vez que, e já que || *ok þat með* e além disso, e mais
mestr adj. superl. maior
miðr adj. meio, medial || *í miðri egginni* no meio do fio
Mikael katalak m. trata-se do imperador bizantino Miguel IV, o paflagônio. O termo *katalak* parece ser uma corruptela nórdica do vocábulo grego medieval *καταλλακτής* [*katallaktis*], "banqueiro, mediador de trocas e transações pecuniárias" (do v. *καταλλάσσω*, "trocar dinheiro"). Este imperador é retratado em sagas de reis, pois, durante o seu governo (1034—1041), esteve entre os varangos o célebre rei norueguês Haraldr Sigurðarson.
mikill fyrir sér : poderoso, grandioso, imponente, importante
missa (pret. **missta**) v. perder, sentir falta de, ser privado de (obj. no gen.)
munr m. diferença || importância || algo necessário || *fyrir hvern mun* a todo custo, de qualquer forma
myndi subj. pret. de *munu* (aqui compõe um tempo verbal equivalente ao futuro do préterito em português, com inf.) || *myndi svá gera* faria assim || *myndi ... hafa verið* teria sido, seria, deve ter sido
myrkvastofa f. cela escura, masmorra
mætti : pudesse (subj. pret. de *mega*)
nam pret. de ▶ **nema**
nema v. pegar, tomar || *nam staðar* parou, fez parada
Norðmaðr m. nórdico, norueguês || *mart Norðmanna* é uma construção partitiva: "muito de nórdicos", isto é, muitos nórdicos
Norðrlǫnd n. pl. terras do norte, isto é, os países escandinavos
Nóregr m. Noruega
næst adv. superl. mais perto, próximo || *þessu næst* em seguida a isso, logo depois disso || *þat er þessu næst segjanda* há em seguida a isso para ser dito, há na sequência para se dizer
næstr adj. superl. próximo
ǫngull m. anzol (aqui um apelido)
óhœfuverk n. feito malvado, ação cruel
ókvæða adj. indecl. sem fala (devido ao espanto), atônito, perplexo
ór prep. de, para fora de, a partir de
ráðask v. alistar-se, entrar no serviço
ráðsmaðr m. bailio, administrador
reiða (reidda) v. transportar a cavalo, carregar (no ombro, por exemplo), carregar (diz-se de vento ou ondas que carregam um barco à deriva) || *reiða upp* brandir (uma arma, com o intuito de desferir golpe)
reiða f. serviço, acomodação || *til reiðu* ao dispor, à vontade
reka v. dirigir, conduzir, compelir || med. *rekask* vaguear, ser levado sem rumo, ir em andanças
rekizk part. pret. med. de ▶ **reka**
sat : pret. de sitja

sax n. espadim (uma espada de lâmina curta e com fio em apenas um lado)
sem (aqui) pron. rel. que || *ok svá þeir, sem* e também aqueles que || como *sem aðrir* como os outros
setja (set, setta, settr) v.colocar, pôr, estabelecer, montar
sitja v. sentar-se, estar sentado || *sitja um* ficar de espreita, ficar de guarda (para atacar)
síðar adv. comp. mais tarde || *litlu síðar* um pouco mais tarde, pouco depois
skarð n. corte, entalhe, falha (diz-se *skarð* numa lâmina que perdeu uma lasca e ficou dentada)
skjótr adj. rápido, súbito
skyldi (subj. pret. de *skulu*) : deveriam || deveria, haveria de : *skyldi engu fyrir týna nema lífinu* não haveria de perder nada mais do que a vida || *hann skyldi setja* dever-se-ia colocá-lo, ele seria colocado (*setja* aqui é impessoal e *hann* o objeto)
sǫk f. acusação, ofensa, ação legal, causa || *fyrir hverja sǫk* por que motivo
staðr m. lugar, local
svá ... ok : tanto ... quanto
sveit f. tropa, regimento, esquadrão || *koma sér í sveit* alistar-se no regimento
taka undir : corroborar, apoiar
taka við : receber, aceitar || *var því vel tekit* isso foi bem aceito
tóku pret. de *taka*
týna v. perder
una (uni, unða/unda, unat) v. contentar-se, estar contente || *una lítt við* estar descontente com
unnit part. pret. de ► **vinna**
út adv. fora || *fór/kom út í Miklagarð* foi/chegou a Constantinopla (*út* expressa aqui a nuance de distância, e pode-se entender como equivalente ao português *lá*: chegou lá a Constantinopla) || *fór út í lǫnd* viajou para as terras distantes, viajou para o estrangeiro || *út á Íslandi* lá na Islândia || *út í heim* mundo afora
vakandi : em vigília, sem dormir
ván f. esperança, expectativa || *vissi enga ván, at* não tinha nenhuma suspeita de que, não esperava de forma alguma que
vápn n. arma
vápnaþing n. “assembleia de armas”, agrupamento dos guerreiros para inspeção
við prep. com, junto a || *við þetta* com isso, diante disso
vinna v. vencer, derrotar
vissi, vissu pret. de *vita*
víst adv. certamente (n. do adj. *víss*)
væri : subj. pret. de *vera* || subordinado a *sǫgðu at*; em português usa-se o indicativo aqui: era || subordinado a *vissi enga ván, at*: estaria/estava (pode-se usar aqui o futuro do pretérito em português)
Væringi / Væringr (pl. **Væringjar**) m. varango (ou varangiano), um mercenário de origem nórdica a serviço do imperador bizantino. Em grego o termo é registrado como *Βάραγγος*, pl. *Βάραγγοι*.
yfir prep. sobre, em cima, por cima
þar adv. lá || *þar sem* uma vez que, já que

Gramática

14.1. Numerais cardinais

Ao longo dos textos, você tem se deparado com vários numerais. Os numerais costumam funcionar como adjetivos ou pronomes, mas nem sempre apresentam flexão. Assim como em português, os numerais em nórdico são divididos em cardinais e ordinais.

Os numerais em nórdico apresentam algumas idiossincrasias, mas, no geral, podem ser facilmente reconhecidos se você já conhece os numerais em inglês, alemão ou alguma outra língua germânica.

Observe os numerais cardinais de 1 a 20:

1 einn, ein, eitt
2 tveir, tvær, tvau
3 þrír, þrjár, þrjú
4 fjórir, fjórar, fjǫgur
5 fimm
6 sex
7 sjau
8 átta
9 níu
10 tíu
11 ellefu
12 tólf
13 þrettán
14 fjórtán (fjǫgurtán)
15 fim(m)tán
16 sextán
17 sjaut(j)án
18 át(t)ján
19 nítján
20 tuttugu
21 tuttugu ok einn

O numeral 1 flexiona-se em **gênero (m., f., n.), número (sing., pl.) e caso (nom., ac., dat., gen.), e ainda apresenta formas forte e fraca.** Os numerais 2, 3 e 4 flexionam-se em **gênero e caso**. Os demais são indeclináveis.

A flexão de **einn** é muito similar à do pronome pessoal de terceira pessoa.

Singular:

	m.	*f.*	*n.*
nom.	**einn**	**ein**	**eitt**
ac.	**einn**	**eina**	**eitt**
dat.	**einum**	**einni**	**einu**
gen.	**eins**	**einnar**	**eins**

Plural:

	m.	*f.*	*n.*
nom.	**einir**	**einar**	**ein**
ac.	**eina**	**einar**	**ein**
dat.	**einum**	**einum**	**einum**
gen.	**einna**	**einna**	**einna**

O plural de **einn** tem um sentido bastante próximo do pronome indefinido no plural em português (uns, alguns), adicionando uma nuance de "cerca de, aproximadamente". Há ainda as formas fracas: *sá **eini***, *þat **eina***, *sú **eina*** ("o único") etc. O numeral **einn** é usado também como adjetivo, com o sentido de *único* e *só*.

Os numerais 2, 3 e 4 flexionam-se somente no plural, e também apresentam semelhanças com o pronome pessoal de terceira pessoa:

	m.	*f.*	*n.*
nom.	**tveir** **þrír** **fjórir**	**tvær** **þrjár** **fjórar**	**tvau** **þrjú** **fjǫgur**
ac.	**tvá** **þrjá** **fjóra**	**tvær** **þrjár** **fjórar**	**tvau** **þrjú** **fjǫgur**
dat.	**tveim(r)** **þrim(r)** **fjórum**	**tveim(r)** **þrim(r)** **fjórum**	**tveim(r)** **þrim(r)** **fjórum**
gen.	**tveggja** **þriggja** **fjǫgurra**	**tveggja** **þriggja** **fjǫgurra**	**tveggja** **þriggja** **fjǫgurra**

Os numerais de 30 a 90 são expressos perifrasticamente (três dezenas, quatro dezenas etc.). A palavra que designa "dezena" é **tigr** (substantivo masculino), pl. **tigir**. No singular, há as formas variantes **tegr**, **tøgr**, **tugr**. Assim, temos:

30 þrír tigir
40 fjórir tigir
50 fimm tigir
60 sex tigir
70 sjau tigir
80 átta tigir
90 níu tigir

Os numerais 100 e 1000 são, respectivamente, **hundrað** (substantivo neutro, pl. **hundruð**) e **þúsund** (substantivo feminino, pl. **þúsundir**).

Contudo, o termo **hundrað** pode designar 100 (**hundrað tírœtt**) no sistema decimal ou 120 (**hundrað tólfrœtt**) no sistema duodecimal, e há margem para ambiguidade nos textos medievais. Quando não especificado no texto, podemos especular se é decimal ou duodecimal, mas especialmente em textos de caráter mais erudito, a utilização do sistema decimal é mais esperada. Aparentemente, o sistema duodecimal era mais original e natural no idioma nórdico antes da influência do letramento latino. 100 pode ser dito também **tíu tigir** ("dez dezenas"). Do mesmo modo, **þúsund** pode designar tanto 1000 quanto 1200.

As locuções numéricas podem apresentar algumas formas alternativas, mas uma bastante peculiar do nórdico, com a qual você já se deparou em algumas leituras, pode ser exemplificada com a seguinte frase (leitura da Unidade 11):

> Á skipum þeira váru **fjórir tigir manna annars hundraðs**. No navio deles havia cento e quarenta homens ("quatro dezenas de homens da segunda centena"). – ou, tomando o sistema duodecimal: cento e sessenta homens (sendo a centena = 120).

Para compreender a lógica desta construção, devemos pensar da seguinte maneira: a primeira centena tem início em 1 e termina em 100 (adotemos aqui o sistema decimal para facilitar a explicação); a segunda centena tem início em 101 e termina em 200; e assim sucessivamente. Assim, a locução *quatro dezenas* (quarenta) *da segunda centena* indica a quarta dezena dentro da segunda centena. Portanto, 140. Os numerais *tigir* e *hundrað* são substantivos, e, quando algo é contado com eles em nórdico, utiliza-se o genitivo, assim como em português faríamos com as palavras *dezena* e *centena*, que pedem a construção partitiva com a preposição *de*. Outro exemplo, visto na leitura da Unidade 10:

> Fór Eiríkr heim í Brattahlíð, en Leifr rézk til skips ok félagar hans með honum, **hálfr fjórði tøgr manna**.

> Eiríkr foi para casa em Brattahlíð, e Leifr embarcou no navio e seus companheiros com ele, trinta e cinco homens ("meia quarta dezena de homens").

Seguindo a mesma lógica do exemplo anterior, a quarta dezena começa em 31 e termina em 40; a metade dela fica em 35. Assim, por *meia quarta dezena* entenda-se *trinta e cinco*. Também aqui a estrutura pede genitivo. Veja na Unidade 1, exercício 4, como é escrito por extenso o ano 870.

14.2. Numerais ordinais

Você já viu alguns dos numerais ordinais, como *fyrstr*, *annarr*, *þriði*, até o *décimo primeiro*, na leitura da Unidade 5, com o catálogo dos cavalos dos Æsir. Observe agora os numerais odinais de *primeiro* a *vigésimo*:

1 fyrstr
2 annarr
3 þriði
4 fjórði
5 fimmti
6 sétti
7 sjaundi
8 áttandi (ou átti)
9 níundi
10 tíundi
11 ellifti
12 tólfti
13 þrettándi
14 fjórtándi (fjǫgurtándi)
15 fim(m)tándi
16 sextándi
17 sjaut(j)ándi
18 át(t)jándi

19 nítjándi
20 tuttugundi
21 tuttugundi ok fyrsti

O numeral *fyrstr* apresenta forma forte e forma fraca, e *annarr* somente forma forte. Os demais seguem exclusivamente a declinação fraca.

O adjetivo *annarr* é bastante frequente, e você o tem visto ao longo das leituras. Além de significar “segundo”, pode ser traduzido por *outro*, *o outro*. Ele apresenta algumas irregularidades (notadamente a flutuação entre as consoantes **nn** e **ð**, a exemplo do substantivo irregular *maðr*):

Singular:

	m.	*f.*	*n.*
nom.	**annarr**	**ǫnnur**	**annat**
ac.	**annan**	**aðra**	**annat**
dat.	**ǫðrum**	**annarri**	**ǫðru**
gen.	**annars**	**annarrar**	**annars**

Plural:

	m.	*f.*	*n.*
nom.	**aðrir**	**aðrar**	**ǫnnur**
ac.	**aðra**	**aðrar**	**ǫnnur**
dat.	**ǫðrum**	**ǫðrum**	**ǫðrum**
gen.	**annarra**	**annarra**	**annarra**

A alternância de **nn** e **ð** é produto de evolução fonética. Diante do **r** (formas sincopadas), a consoante **n** deu lugar à fricativa **ð** (*aðrir* < **annrir* < **annarir*, etc.).

Veja do *trigésimo* ao *nonagésimo*:

30 þrítugundi
40 fertugundi
50 fim(m)tugundi
60 sextugundi
70 sjautugundi
80 áttatugundi
90 nítugundi

Os numerais ordinais de contagem mais alta são raros na literatura islandesa antiga. Acima de *nítugundi* não são registrados.

Exercícios

Leitura adicional: sobre as dioceses na Dinamarca (*Knýtlinga saga*, XXXII)

Observe os numerais destacados em negrito. Preste atenção ao uso do genitivo em construções como "três dezenas **de navios**". Neste texto, pela temática, deve-se pensar no sistema decimal para as centenas. Danmǫrk er mikit ríki ok liggr mjǫk sundrlaust. Inn mesti hluti Danaríkis heitir Jótland. Þat liggr it syðra með hafi. Þar er inn synnsti biskupsstóll í Danmǫrk í Heiðabœ, ok er í þeim biskupsdómi **hálft fjórða hundrað kirkna**, en **þrír tigir skipa ok hundrað** konungi til útboðs. **Annarr biskupsstóll** er á Jótlandi, þar er heitir í Rípum. Í því biskupsríki eru **fjórar kirkjur ok tuttugu ins fjórða hundraðs**, en **tólf tigir skipa** konungi til útboðs. **Þriði biskupsstóll** er á Jótlandi, er heitir í Árósi. Í því biskupsríki eru **tvǫ hundruð kirkna ok tíu kirkjur**, en konungi **níu tigir skipa** til útboðs. **Fjórði biskupsstóll** í Jótlandi heitir í Vébjǫrgum. Í því biskupsríki eru **fimm tigir kirkna ok tvǫ hundruð**, en **hundrað skipa** konungi til útboðs. Limafjǫrðr heitir á Jótlandi. Hann er mikill fjǫrðr ok nafnfrægr. Hann gengr af norðri til suðrs. Ór norðanverðum Limafirði er mjótt eið vestr til hafs, er heitir Haraldseið. Þar lét

Dinamarca. Mapa de Abraham Ortelius, 1570.

Haraldr konungr Sigurðarson draga yfir skip sín, þá er hann komsk undan ófriði Sveins konungs Úlfssonar, sem sagt er í sǫgu Haralds konungs. Fyrir vestan Limafjǫrð er þat ríki, er heitir Vendilskagi ok víkr til norðrættar. Þar er inn **fimmti biskupsstóll** í Danmǫrk, í þeim stað, er heitir í Jǫrungi; í því biskupsríki er **hálft annat hundrað kirkna**, en **fimm tigir skipa** konungi. Jótlandssíða heitir allt vestan frá Vandilskaga ok suðr til Rípa. Milli Jótlands ok Fjóns gengr Meðalfararsund. Á Fjóni er inn **sétti biskupsstóll** í Danmǫrk, í þeim stað, er heitir í Óðinsey. Í því biskupsríki eru **þrjú hundruð kirkna** ok **tíu tigir skipa** konungi. Milli Fjóns ok Sjólands gengr Beltissund. Í Sjólandi er inn **sjaundi biskupsstóll** í Danmǫrk, í Róiskeldu. Í Sjólands biskupsdœmi eru **ellifu kirkjur ins fimmta hundraðs**, en **tveir tigir skipa ok hundrað** konungi. Fyrir norðan Sjóland er Eyrarsund, en fyrir norðan Eyrarsund liggr Skáni ok Halland. Á Skáni er erkibiskupsstóll í Lundi; sá er biskupsstóll inn **átti** í Danmǫrk. Í því biskupsríki er **hálft fjórða hundrað kirkna ok þrjár kirkjur**, en **hálft annat hundrað skipa** konungi. Sá er biskupsstóll ríkastr í ǫllu Danakonungs ríki. (...)

Glossário

Áróss m. cidade na Jutlândia, moderna Århus, na Dinamarca
Beltissund n. estreito que separa Sjáland de Fjón
biskupsdœmi n. *biskupsdómr*
biskupsdómr m. episcopado
biskupsríki n. diocese
biskupsstóll m. sede episcopal
Danakonungr m. rei dos dinamarqueses
Danaríki n. Reino dos Dinamarqueses
Danmǫrk f. Dinamarca
draga v. puxar, arrastar
eið n. istmo
erkibiskupsstóll m. arquidiocese
Eyrarsund n. estreito que separa Sjóland de Skáni (modernamente separa a Dinamarca da Suécia, e é designado em dinamarquês moderno Øresund)
Fjón n. ilha na Dinamarca, modernamente chamada Fyn
fjǫrðr m. fiorde
gengr pres. de *ganga* || *gengr af* prolonga-se de, avança de
Halland n. região que hoje pretence à Suécia
Heiðabœr m. moderna Hedeby, na Dinamarca
hluti m. parte
Jǫrungr m. povoado no norte da Dinamarca, moderna Hjørring
Jótland n. Jutlândia
Jótlandssíða f. costa da Jutlândia, isto é, sua costa ocidental
kirkja (gen. pl. **kirkna**) f. igreja
komask undan : escapar
Limafjǫrðr m. fiorde no norte da Dinamarca, em dinamarquês moderno Limfjorden
Lundr m. moderna Lund, na Suécia
Meðalfararsund n. estreito entre Jótland e Fjón, modernamente chamado Lille Bælt
mestr adj. superl. maior, máximo
milli prep. + gen. entre
mjór (mjó, mjótt) adj. fino, estreito
nafnfrægr adj. célebre, renomado
norðan adv. do norte || *fyrir norðan* a norte de
norðanverðr adj. do norte, setentrional
norðrætt f. norte
Óðinsey f. em Fjón, moderna Odense
ófriðr m. guerra, hostilidade
ór prep. de, saído de
ríki n. estado, reino, domínio
ríkr adj. poderoso
Rípar f. pl. moderna Ribe
Róiskelda f. moderna Roskilde, em Sjóland
saga f. história (em sentido geral); saga (o gênero literário)
Sjóland n. Zelândia
Skáni m. Escânia (moderna Skåne), região que hoje pertence à Suécia
staðr m. lugar, local
sundrlauss adj. espalhado, fragmentado, descontínuo
syðri adj. comp. mais ao sul || *it syðra með hafi* pela parte mais ao sul ao longo do mar
synnstr adj. superl. que fica mais ao sul, mais meridional
útboð n. conscrição || *konungi til útboðs* em conscrição para o rei

Vébjǫrg n. pl. moderna Viborg, em Jótland
Vandilskagi (também **Vendilskagi**) m. moderna Skagen, no extremo norte da Dinamarca
vestan adv. do oeste || *fyrir vestan* a oeste de
vestr n. oeste || adv. para o oeste, no oeste
víkja v. virar, voltar-se
yfir prep. sobre, em cima, por cima

Vocabulário a ser memorizado

afl
afla
beiða
draga
dveljask
fjǫrðr
fyrr
hǫggva
lǫg
milli
Norðmaðr
Norðrlǫnd
ríki
ríkr
saga
setja
sitja
skjótr
sǫk
vápn
yfir

Traduções das leituras e soluções dos exercícios

Unidade 8

Leitura

Þorvaldr chamava-se um homem; ele era filho de Ásvaldr Úlfsson, filho de Yxna-Þórir. Eiríkr vermelho chamava-se o filho dele. Pai e filho foram de Jaðarr à Islândia por conta de homicídios e tomaram terra em Hornstrandir e moraram em Drangar; lá morreu Þorvaldr. Eiríkr tomou (como esposa) então Þjóðhildr, filha de Jǫrundr Atlason e Þorbjǫrg *knarrarbringa*, que então Þorbjǫrn *haukdœlski* tinha (como esposa); Eiríkr então se mudou do norte e desmatou uma terra em Haukadalr e morou em Eiríksstaðir junto a Vatshorn (Vatnshorn).

Então escravos de Eiríkr causaram um deslizamento de terra na fazenda de Valþjólfr em Valþjólfsstaðir. Eyjólfr *saurr*, parente dele, matou os escravos próximo a Skeiðsbrekkur mais para cima de Vatshorn; por isso, Eiríkr matou Eyjólfr *saurr*; ele matou também

Hólmgǫngu-Hrafn em Leikskálar. Geirsteinn e Oddr de Jǫrvi, parentes de Eyjólfr, tomaram o partido dele (nos procedimentos legais). Então Eiríkr foi expulso de Haukadalr.

Ele tomou posse então de Brokey e Øxney em Traðir, em Suðrey, no primeiro inverno. Então ele emprestou *setstokkar* a Þorgestr. Em seguida Eiríkr foi a Øxney e morou em Eiríksstaðir. Então ele demandou os *setstokkar* e não os recebeu. Eiríkr foi buscar então os *setstokkar* em Breiðabólstaðr, mas Þorgestr foi atrás dele (o perseguiu). Eles lutaram a uma curta distância do cercado de Drangar ("em Drangar"). Lá caíram dois filhos de Þorgestr e alguns outros homens.

Depois disso, ambas as partes tinham muitos homens reunidos.

Styrr deu auxílio a Eiríkr, e (também) Eyjólfr de Svíney, Þorbjǫrn Vífilsson e os filhos de Þorbrandr de Álptafjǫrðr (deram auxílio a Eiríkr), ao passo que a Þorgestr deram auxílio os filhos de Þórðr *gellir* e Þorgeirr de Hítardalr e Áslákr de Langadalr e Illugi, filho deste. Eiríkr e os seus foram feitos proscritos na assembleia de Þórsnes. Ele preparou seu navio em Eiríksvágr, e Eyjólfr o ocultou em Dímunarvágr enquanto Þorgestr e seus homens procuravam por ele pelas ilhas. Þorbjǫrn, Eyjólfr e Styrr acompanharam Eiríkr pelas ilhas afora; ele disse a eles que pretendia procurar por aquela terra que Gunnbjǫrn, filho de Úlfr *kráka*, viu quando foi arrastado para oeste no mar, quando encontrou o Abrolho de Gunnbjǫrn. Ele declara que novamente procuraria seus amigos se encontrasse a terra, e separaram-se eles com a máxima amizade (...).

Exercícios

1. Conjugação no presente e pretérito.

sigla:
sigli siglir siglir siglum siglið sigla
siglda sigldir sigldi sigldum siglduð sigldu
hafa:
hefi hefir hefir hǫfum hafið hafa
hafða hafðir hafði hǫfðum hǫfðuð hǫfðu

kalla:
kalla kallar kallar kǫllum kallið kalla
kallaða kallaðir kallaði kǫlluðum kǫlluðuð kǫlluðu
eiga:
á átt á eigum eiguð eigu
átta áttir átti áttum áttuð áttu
vera:
em ert er erum eruð eru
var vart var várum váruð váru
fara:
fer ferr ferr fǫrum farið fara
fór fórt fór fórum fóruð fóru
gráta:
græt grætr grætr grátum grátið gráta
grét grézt grét grétum grétuð grétu
taka:
tek tekr tekr tǫkum takið taka
tók tókt tók tókum tókuð tóku

2. Relacione e escreva um pronome que sirva de sujeito.

ek **spurða** (spyrja)
ek *ou* hann, hon, þat **fékk** (fá)
vér, vit **kómum** (koma)
þeir, þær, þau **tóku** (taka)
þeir, þær, þau **létu** (láta)
þér, þit **gáfuð** (gefa)
ek *ou* hann, hon, þat **tók** (taka)
þeir, þær, þau **gengu** (ganga)
ek *ou* hann, hon, þat **fór** (fara)
ek *ou* hann, hon, þat **hét** (heita)
þeir, þær, þau **fóru** (fara)
vér, vit **drápum** (drepa)

3. Identifique os verbos e relacione aos infinitivos.

1. **gerðu** — pret. de *gera* na 3a. pl.; **sagði** — pret. de *segja* na 3a. sing.
2. **áttu** — pret. de *eiga* na 3a. pl.
3. **hǫfðu** — pret. de *hafa* na 3a. pl.
4. **fór** — pret. de *fara* na 3a. sing.
5. **drap** — pret. de *drepa* na 3a. sing.
6. **fœrði** — pret. de *fœra* na 3a. sing.
7. **hǫfðu** — pret. de *hafa* na 3a. pl.
8. **spurði** — pret. de *spyrja* na 3a. sing.
9. **fóru** — pret. de *fara* na 3a. pl.
10. **heyrðu** — pret. de *heyra* na 3a. pl.
11. **váru** — pret. de *vera* na 3a. pl.; **kalla** — pres. de *kalla* na 3a. pl.
12. **fóru** — pret. de *fara* na 3a. pl.; **vildu** — pret. de *vilja* na 3a. pl.; **létu** —pret. de *láta* na 3a. pl.

4. Traduza as frases

1. "O que faziam os filhos de Njáll?" disse ela.
2. Eles, Gunnarr e Njáll, tinham conjuntamente (compartilhavam a posse de) uma floresta em Rauðaskriður.
3. Eles tiveram lá uma boa acolhida ("boas acolhidas").
4. Hrútr foi a Konungahella.
5. Atli matou Úlfr.
6. Hǫskuldr levou todos os bens de valor para o navio.
7. Eles tinham residência a leste em Konungahella.
8. O rei perguntou-lhe o nome.
9. Os irmãos foram para casa.
10. Então eles ouviram um grande (forte) rumor/zunido e um estrondo.
11. Então havia aqui homens cristãos que os nórdicos/noruegueses chamam de *papar*.
12. Mas eles foram em seguida embora, porque não queriam estar aqui com homens pagãos, e deixaram para trás livros irlandeses e sinos e báculos.

5. Relacione as formas de pretérito aos infinitivos

1—i, 2—h, 3—b, 4—c, 5—e, 6—m, 7—k, 8—d, 9—l, 10—g, 11—a, 12—j, 13—f

6. Leitura adicional

Eiríkr velejou para o mar (aberto) (partindo de baixo) de Snæfellsjǫkull e chegou (fora da Islândia) àquela geleira que se chama Hvítserkr; ele foi de lá para o sul, para procurar se para lá haveria (terra) habitável. Ele esteve o primeiro inverno em Eiríksey perto do meio da colônia oriental. Na primavera que se seguiu, ele foi até Eiríksfjǫrðr e tomou para si local de morada. Ele foi naquele verão para a parte ocidental desabitada e deu lá nomes a muitos lugares (deu amplamente nomes de lugares). Ele esteve o segundo inverno em Eiríkshólmar, próximo a Hvarfsgnípa, e no terceiro verão ele foi bem ao norte (tudo ao norte) até Snæfell e adentro de Hrafnsfjǫrðr. Então ele considerou ter chegado mais ao interior do que o fundo de Eiríksfjǫrðr. Ele então retorna e esteve o terceiro inverno em Eiríksey diante da boca de Eiríksfjǫrðr.

No verão que se seguiu, ele foi à Islândia e chegou a Breiðafjǫrðr. Ele esteve aquele inverno com Ingólfr em Hólmlátr.

Na primavera ele e Þorgestr lutaram, e Eiríkr obteve a derrota. Depois disso, eles foram conciliados. Naquele verão Eiríkr foi povoar aquela terra que ele havia encontrado e (que) chamou de Groenlândia ("Terra Verde"), porque ele declarou que se a terra fosse bem denominada isso compeliria muitos homens para lá.

Unidade 9

Leitura I

Eiríkr tinha uma mulher ("aquela mulher") que se chamava Þjóðhildr e dois filhos; um se chamava Þorsteinn e o outro Leifr; eles eram ambos homens promissores/homens de valor. Þorsteinn estava em casa com seu pai, e não havia então homem ("aquele homem") na Groenlândia que fosse considerado tão promissor quanto ele.

Leifr tinha velejado para a Noruega; ele estava lá com o rei Óláfr Tryggvason. (...) Certa vez, o rei veio ter com Leifr e lhe pergunta: "Tu pretendes velejar para a Groenlândia neste verão?" Leifr respondeu: "Isso eu pretendo, se essa é vossa vontade." O rei respondeu: "Eu creio que assim estará bem. Tu irás com minha missão para pregar o cristianismo na Groenlândia." Leifr disse que ele decidiria, mas declara pensar que aquela missão seria difícil de realizar na Groenlândia, mas o rei declara não ver aquele homem que seja mais apropriado do que ele, — "e tu terás boa sorte para isso." "Isso será apenas" diz Leifr "se eu contar também com a vossa (boa sorte)."

Leifr fez-se ao largo quando estava pronto. Leifr foi arrastado à deriva por longo tempo em mar aberto, e deparou-se com aquelas terras que ele não tinha antes nenhuma expectativa (de encontrar). Havia lá campos de trigo selvagem e parreiras crescidas (no original, sing. — entenda-se como coletivo); havia lá também aquelas árvores que se chamam bordo, e eles tomaram (tiveram) disso tudo alguma mostra, algumas árvores tão grandes que foram postas em casas (usadas para fazer casas).

Leitura II

Herjólfr era filho de Bárði Herjólfsson. Ele (o pai de Bárði, isto é, o velho Herjólfr) era parente de Ingólfr, o tomador de terras. (...) Þorgerðr chamava-se a mulher dele, e Bjarni o filho deles, e era o homem mais promissor. Ele se sentiu impelido a deixar a Islândia logo em idade jovem; ele obteve tanto riqueza quanto honra, e passava alternadamente um inverno fora da terra (Islândia) e (de volta à Islândia) com seu pai. Logo Bjarni obteve um navio em viagens (de comércio); e no último inverno em que ele esteve na Noruega, Herjólfr partiu para a Groenlândia com Eiríkr e deixou para trás sua fazenda. (...) Herjólfr morou em Herjólfsnes; ele era o homem mais venerável.

Eiríkr vermelho morou em Brattahlíð. Ele estava lá com a máxima honra, e todos se curvavam diante dele. Estes eram os filhos de Eiríkr: Leifr, Þorvaldr e Þorsteinn, e Freydís chamava-se a filha dele. (...) A gente na Groenlândia era pagã naquele tempo. (...)

"E eu desejo seguir com o navio para a Groenlândia, se vós desejais acompanhar-me."

Todos declararam desejar seguir suas ordens. Então Bjarni falou: "A nossa viagem parecerá tola, uma vez que nenhum de nós esteve antes no mar da Groenlândia."

Contudo, eles agora navegam para o mar aberto, quando estavam prontos, e velejaram por três dias, até que a terra desapareceu no horizonte, e então o vento favorável cessou, e sobrevieram ventos do norte e nevoeiros, e eles não sabiam aonde iam, e isso durou muitos dias. Depois disso eles viram o sol e puderam então distinguir as direções.

Levantam agora as velas e velejam por aquele dia, até que viram terra, e falaram entre si, que terra será essa, e Bjarni declara pensar que ela não seria a Groenlândia. Eles perguntam se ele deseja velejar para essa terra ou não.

Bjarni responde: "O meu conselho é velejar para perto da terra." E assim eles fazem e logo viram que a terra era livre de montanhas e coberta por floresta, e (havia) pequenas elevações na terra, e deixaram a terra a bombordo e deixaram o canto (da vela) virado para a terra. Em seguida eles velejam por dois dias, até que viram uma segunda terra.

Eles perguntam se Bjarni julgava aquela ainda a Groenlândia (julgava que aquela fosse a Groenlândia). Ele declarou não julgar esta mais a Groenlândia do que a anterior, — "porque as geleiras são ditas muito grandes na Groenlândia." Eles logo se aproximaram dessa terra e viram que ela era uma terra plana e coberta de árvores. Então cessou a aragem diante deles. Então os tripulantes disseram que lhes parecia aconselhável aportar naquela terra; mas Bjarni não deseja isso. Eles julgavam precisar tanto de madeira quanto de água.

"Vós não estais desprovidos de nada disso," diz Bjarni; e, contudo, ele recebeu por isso alguma reprovação de seus tripulantes.

Ele pediu então que levantassem vela, e assim foi feito, e colocaram a proa afastada da terra e velejam no mar com vento sudoeste por três dias e viram então a terceira terra; e essa terra, por sua vez, era alta e montanhosa, e (havia) uma geleira n(ela); eles perguntam então se Bjarni queria seguir para a terra, mas ele declarou não desejar isso — "porque esta terra me parece não oferecer coisas de valor."

Agora eles não arriaram a sua vela, seguem costeando e viram que era uma ilha; puseram novamente a popa virada para essa terra e seguiram para o mar aberto com o mesmo vento. (...)

Velejaram agora por quatro dias. Então eles viram a quarta terra. Então eles perguntaram a Bjarni se ele considerava ser esta a Groenlândia ou não. Bjarni respondeu: "Esta é mais parecida com o que me é dito sobre a Groenlândia, e aqui nós seguiremos para a terra." Assim fazem eles. (...) Bjarni foi agora até seu pai e cessa agora com as navegações e permanece com seu pai, enquanto Herjólfr viveu, e em seguida morou ele lá em sucessão a seu pai.

Exercícios

1. Identifique os verbos, verifique o tempo e dê o infinitivo

1. **mun vera** — fut. de *vera* com aux. *munu* na 3a. sing.; **segir** — pres. de *segja* na 3a. sing.
2. **skal ganga** — fut. de *ganga* com aux. *skulu* na 1a. sing.; **segir** — pres. de *segja* na 3a. sing.
3. **skuluð ríða** — fut. de *ríða* com aux. *skulu* na 2a. pl.
4. **munum fara** — fut. de *fara* com aux. *munu* na 1a. pl.
5. **fór** — pret. de *fara* na 3a. sing.
6. **skal sitja** — fut. de *sitja* com aux. *skulu* na 1a. sing.
7. **skal láta** — fut. de *láta* com aux. *skulu* na 1a. sing.; **hafa** — inf. como complemento de *láta*; **veit** — pres. de *vita* na 1a. sing.; **þarft** — pres. de *þurfa* na 2a. sing.; **veit** — pres. de *vita* na 1a. sing.; **munt hafa** — fut. de *hafa* com aux. *munu* na 2a. sing.; **varðveita** — inf. como complemento de *hafa*.

8. **mælti** — pret. de *mæla* na 3a. sing; **er** — pres. de *vera* na 3a. sing.; **svaraði** — pret. de *svara* na 3a. sing.; **er** — pres. de *vera* na 3a. sing.; **skulu eiga** — fut. de *eiga* com aux. *skulu* na 3a. pl.
9. **fær** — pres. de *fá* na 3ª. sing.; **hafa** — inf. como complemento de *þurfa*; **þurfti** — pret. de *þurfa* na 3ª. sing.; **fór** — pret. de *fara* na 3a. sing.

2. Traduza as frases

1. "Isso será assim," diz Gizurr.
2. "Eu mesmo então caminharei até ele," diz Þórólfr.
3. Vós cavalgareis imediatamente pela manhã (assim que amanhecer).
4. E nós iremos à assembleia.
5. Einarr foi à Islândia.
6. Onde eu me sentarei? (Onde deverei me sentar?)
7. Imediatamente farei com que tenhas a prata, (de) que eu sei que tu precisas, mas eu sei que tu ainda hás de ter em tua posse ("ter a conservar") um baú ou dois, cheios de prata.
8. Então falou Gangleri: "Onde é o local principal ou o local sagrado dos deuses?" Hár responde: "Ele (Isto) fica no freixo de Yggdrasill. Lá os deuses terão (devem ter, hão de ter) os seus julgamentos todo dia."

3. Traduza para o nórdico

1. Atli fór til Íslands.
2. Vér fórum til Miklagarðs.
3. Hvar skulu vit sitja?
4. En þeir munu fara til Grœnlands.
5. „Hon skal þá sjálf ganga til vár," segja menn.
6. Þér skuluð sigla þegar á morgin.
7. Leifr mun fara til Vínlands.

4. Relacione os pretéritos aos infinitivos

Primeiro quadro: 1—i, 2—h, 3—c, 4—g, 5—d, 6—a, 7—k, 8—e, 9—b, 10—f, 11—j

Segundo quadro: 1—b, 2—d, 3—k, 4—f, 5—i, 6—h, 7—a, 8—j, 9—g, 10—c, 11—e

5. Leitura adicional

Gunnarr cavalgou até Bergþórshváll e contou a Njáll esses feitos. Njáll falou: "Praticaste algo grande, e tu foste muito provocado." "O que acontecerá agora em seguida?" diz Gunnarr. "Tu queres que eu te diga aquilo," diz Njáll, "que ainda não foi realizado? Tu cavalgarás para a assembleia, e terás a ajuda de meus conselhos e ganharás disso a maior honra. Este será (note elipse do inf. *vera*) o início dos teus homicídios." "Aconselha-me com alguns sábios conselhos," diz Gunnarr. "Eu farei isso," diz Njáll; "nunca mates mais de uma vez na mesma linhagem e nunca quebres um acordo que bons homens fazem entre ti e outros, e sobretudo (e sobretudo menos; isto é, menos ainda) neste caso." Gunnarr falou: "A outros eu julgava que isso viria a ser mais arriscado do que a mim (isto é: eu achava que essa questão seria mais arriscada para outros do que para mim)." "Assim será," diz Njáll, "e, contudo, deves pensar no teu caso, se isso coincidir, que então terás pouco tempo por viver, mas, do contrário, tu te tornarás um homem velho." Gunnarr falou: "Tu sabes o que será a causa da tua morte?" "Eu sei," diz Njáll. "O quê?" diz Gunnarr. "Aquilo pelo que todos menos esperarão," diz Njáll. Em seguida Gunnarr cavalgou para casa.

Unidade 10

Leitura

Eiríkr foi para casa em Brattahlíð, e Leifr embarcou no navio, e seus companheiros com ele, trinta e cinco homens ("meia quarta dezena de homens"). Havia um homem do sul na viagem, que se chamava Tyrkir.

Agora eles aprontaram o seu navio e velejaram para o mar, quando estavam prontos, e encontraram então primeiro aquela terra que Bjarni e seus homens encontraram por último. Lá eles velejam até a terra e lançaram âncoras e atiraram um bote (no mar) e foram à terra e lá não viram relva/vegetação. Grandes geleiras havia por toda a parte alta, e (era) como se fosse uma rocha chata do mar até as geleiras, e pareceu-lhes ser esta terra desprovida de benesses.

Então falou Leifr: "Não aconteceu a nós com relação a esta terra como (aconteceu) com Bjarni, de não termos pisado em terra. Agora eu darei um nome à terra e a chamarei de Helluland." Em seguida eles foram para o navio.

Depois disso eles velejam no mar e encontraram outra terra; velejam novamente para a terra e lançam âncoras, atiram em seguida o bote (ao mar) e caminham na terra. Aquela terra era plana e coberta por floresta, e (havia) areais brancos por vastas extensões ("amplamente") aonde eles foram, e a costa não terminava em penhasco sobre o mar. Então falou Leifr: "Pelas riquezas daremos um nome a esta terra e a chamaremos de Markland (a construção é impessoal no original: "se dará um nome a esta terra e se a chamará de Markland")." Foram em seguida (do alto, isto é, da terra ao mar) novamente para o navio o mais rapidamente.

Então eles velejam de lá para o mar com vento nordeste e estiveram em mar aberto por dois dias, até que eles viram uma terra, e velejaram até a terra e chegaram a uma ilha, que ficava a norte da terra, e desembarcaram lá e olharam ao seu redor em tempo bom e perceberam que havia orvalho na relva, e ocorreu diante deles, que eles pegaram com suas mãos do orvalho e levaram à boca e julgaram nada tão doce quanto aquilo ter (até então) provado.

Em seguida eles foram para seu navio e velejaram naquele estreito que havia entre a ilha e o cabo que se projetava a norte da terra; dirigiram-se para o oeste diante do cabo. Lá havia grande extensão de águas rasas na maré baixa, e lá o navio deles encalhou; e via-se o mar a uma longa distância do navio (e era então longe para ver o mar do navio). Mas eles estavam tão curiosos (a eles havia tanta curiosidade) para ir à terra, que não estavam dispostos a esperar que o mar fluísse embaixo de seu navio, e correram para a terra, lá onde um rio fluía de um lago; e quando o mar fluiu sob o navio deles, pegaram o bote e remaram até o navio e levaram o navio rio acima, em seguida adentro do lago, e lançaram lá âncoras e carregaram para fora do navio os seus sacos de dormir e fizeram lá tendas; decidiram, em seguida, instalar-se lá por aquele inverno, e fizeram lá grandes casas. Nem havia falta lá de salmão no rio nem no lago, e salmão maior do que tinham antes visto. Lá havia tão boas riquezas naturais, conforme lhes pareceu, que lá o gado não precisaria de forragem no inverno; lá não vieram quaisquer geadas (gelo, temperatura congelante) no inverno, e as gramas pouco feneceram. Havia lá mais igualdade de duração entre dia e noite do que na Groenlândia ou na Islândia; havia sol lá em *eyktar staðr* e *dagmála staðr* nos dias curtos. (...) Leifr era grande e forte, o homem mais imponente de se ver, um homem sábio e moderado em todas as coisas.

E quando chega a primavera eles se prepararam e velejaram embora, e Leifr deu um nome à terra com base nas riquezas naturais e chamou(-a) de Vínland. Velejam em seguida no mar, e soprou-lhes bom vento, até que viram a Groenlândia e as montanhas embaixo das geleiras.

Exercícios

1. Complete com o pronome possessivo.

10. Þá sendi hann menn **<u>sína</u>** leyniliga norðr í Þrándheim til vina **<u>sinna</u>**.
11. [Hann] fór síðan aptr til borgar **<u>sinnar</u>**.
12. Var sá sveinn þar upp fœddr fyrst með Guðbrandi ok Ástu, móður **<u>sinni</u>**.
13. Lét Erlendr þar líf **<u>sitt</u>**.
14. Gaf hann þat mǫnnum **<u>sínum</u>**, en þeir tóku hann til hǫfðingja.
15. Ǫnundr konungr fór með her **<u>sinn</u>** til Eistlands at hefna fǫður **<u>síns</u>**.

16; Hann lá með skipi **sínu** í Stíflusundi.
17. Helt Danakonungr her **sínum** sunnan í Víkina.
18. „Þat munu Danir kalla,“ segir jarl, „at betra er þat skipti at drepa víking norrœnan heldr en bróðurson **sinn** danskan.“

2. Traduza as frases.

1. Então ele enviou seus homens secretamente para o norte até Þrándheimr até seus amigos.
2. [Ele] foi em seguida novamente para sua cidade/fortificação.
3. Aquele menino foi criado lá primeiro com Guðbrandr e Ásta, sua mãe.
4. Lá Erlendr deixou sua vida (= morreu).
5. Ele deu isso para seus homens, e eles o tomaram como chefe.
6. O rei Ǫnundr foi com seu exército até a Estônia para vingar seu pai.
7. Ele permaneceu ancorado com seu navio em Stiflusund.
8. O rei dos dinamarqueses seguiu com seu exército do sul a Vík.
9. “Os dinamarqueses dirão,” diz o *jarl*, “que é melhor a alternativa de matar um viquingue norueguês do que seu próprio sobrinho dinamarquês.”

3. Analise e explique, e depois traduza

a. Na frase 2, o pronome *sín* é usado porque o objeto da preposição *til* faz referência ao sujeito do verbo *bauð*; na frase 1, por outro lado, o sujeito de *kómu* é *menn*, diferente do objeto de *til*.

1. E pela manhã ele estava morto, quando os homens foram até ele, e ele foi sepultado lá na igreja.

2. No outono Vermundr ofereceu (teve) uma grande festa e convidou o *goði* Arnkell até si, e (convidou também) os homens de Eyrr e Styrr, seu irmão.

b. Na frase 1, *sér* é reflexivo porque faz referência ao sujeito de *hafa með*; na frase 2, por outro lado, o sujeito de *fóru* e *kómu* é *þeir*, diferente de *honum*.

1. Ele tinha consigo muitos trabalhadores ("muito de trabalhadores")

2. Então eles foram a Úlfarsfell, e quando chegaram lá, Arnkell estava lá antes e muitos homens com ele.

c. Na frase 1 *sik é* reflexivo pois faz referência ao sujeito de *lagði*; na frase 2, não há correferencialidade, por isso *hann*.

1. Depois disso, Haraldr submeteu ("colocou sob si") Sunnmœrr.

2. Submeteu-se a ele ("andou sob ele") lá toda a gente da terra.

4. Analise e traduza

1. **kvezk** (pres. med.) — vilja (sujeito: mesmo de *kvezk*)
Ele declara que certamente deseja isso.

2. **kvað** (pret. at.) — vera (sujeito: *þat*)
Þorkell disse que isso era verdade ("disse isso ser verdadeiro")

3. **kvezk** (pres. med.) — heita, vera (sujeito: mesmo de *kvezk*)
Ele declara chamar-se Hrappr e ser de Breiðafjǫrðr por parte de mãe.

4. **kvað** (pret. at.) — kunna (sujeito: *hana*)
Hǫskuldr disse que ela não podia (não conseguia) ver.

5. **þykkjumk** (pres. med.) — vera (sujeito: mesmo de *þykkjumk*)
Eu considero agora estar completo em maturidade ("pareço para mim mesmo estar...")

6. **þykkisk** (pres. med.) — vera (sujeito: mesmo de *þykkisk*)
Ele considera estar muito desonrado nas partilhas deles.

7. **þóttisk** (pret. med.) — sjá (sujeito: mesmo de *þóttisk*)
Óláfr acordou e julgou ver de relance a mulher.

8. **þóttu** (pret. at.) — liggja (sujeito: mesmo de *þóttu*)
A Óláfr elas pareciam estar bem situadas.

5. Leitura adicional

O rei Óláfr enviou também naquela mesma primavera Leifr Eiríksson à Groenlândia para pregar lá o cristianismo, e ele foi naquele verão para a Groenlândia. Ele acolheu no mar a tripulação daqueles homens que então estavam em situação crítica ilhados num naufrágio, e então ele encontrou Vínland, a boa, e chegou no verão à Groenlândia e tinha assim consigo um padre e clérigos, e foi abrigar-se em Brattahlíð, junto a Eiríkr, seu pai. Os homens passaram a chamá-lo em seguida de Leifr, o afortunado. Mas Eiríkr, seu pai, disse que (uma coisa) compensava (a outra:) o fato de Leifr ter salvado a tripulação e ter trazido o charlatão à Groenlândia. Este era o padre.

Unidade 11

Leitura

Nisso falava-se muito no inverno em Brattahlíð que Karlsefni e Snorri pretendiam procurar por Vínland, e os homens conversavam muito sobre isso. E acabou que Karlsefni e Snorri prepararam seu navio e pretendiam procurar por Vínland no verão. Para aquela viagem, ofereceram-se para partir também Bjarni e Þórhallr com seu navio e aqueles companheiros de viagem que os haviam acompanhado.

Um homem chamava-se Þorvarðr; ele tinha (como esposa) Freydís, filha ilegítima de Eiríkr vermelho. Ele também foi com eles, e (também foram) Þorvaldr filho de Eiríkr e Þórhallr, que era chamado de o caçador. Ele havia estado por muito tempo em expedições de caça com Eiríkr nos verões, e tinha muitas incumbências. Þórhallr era grande na estatura, negro (isto é: tinha cabelos e barba negros) e gigantesco; ele já tinha a idade mais avançada, (era) intratável no temperamento, taciturno, geralmente reticente, traiçoeiro e, além do mais, rabugento, e era costumeiramente ávido pelo pior. Ele tinha se misturado pouco com a fé desde que ela chegou à Groenlândia. Þorvaldr era pouco afeito às amizades, e, não obstante, Eiríkr havia tido por longo tempo conversas com ele. Ele estava no navio com Þorvaldr e seus homens, porque ele tinha um vasto conhecimento de lugares desabitados. Eles tinham aquele navio que Þorbjǫrn tinha (levado) para lá e decidiram-se para a viagem com Karlsefni e seus homens, e havia lá na maioria homens groenlandeses. Nos navios deles havia cento e quarenta (ou cento e sessenta) homens. Eles em seguida velejaram costeando para a Colônia Ocidental e para as Bjarneyjar; velejam eles de lá (partindo) de sob as Bjarneyjar com vento norte; eles estiveram em mar aberto por dois dias. Então eles encontraram uma terra e remaram para (lá) e exploraram a terra e encontraram lá muitas rochas chatas e tão grandes que dois homens podiam bem tocar-se com as solas dos pés (deitados). Havia lá muitas raposas brancas. Eles deram um nome à terra e chamaram(-na) de Helluland.

Então velejaram eles com vento norte por dois dias, e surgiu (esteve) então uma terra diante deles e havia n(ela) uma grande floresta e muitos animais. Uma ilha jazia a sudeste da terra, e eles encontraram lá um urso e chamaram(-na) de Bjarney, ao passo que a terra, onde havia a floresta, eles chamaram de Markland.

Quando haviam-se passado dois dias eles veem uma terra, e eles velejaram até a costa. Lá havia um cabo, onde eles chegaram. Eles navegaram ao longo da costa e deixaram a terra a estibordo. Lá havia extensões de costa aberta sem porto e longas praias e areais. Eles foram em botes à terra e encontraram uma quilha de navio e chamaram lá de Kjalarnes. Eles deram também um nome às praias e chamaram(-nas) de Furðustrandir, porque era uma longa distância velejar ao longo (delas). Então a terra se tornou recortada por baías, e eles seguiram com os navios para as baías.

Foi quando Leifr esteva com o rei Óláfr Tryggvason e ele lhe pediu para pregar o cristianismo na Groenlândia (que) então o rei deu a ele dois escoceses; o homem se chamava Haki e a mulher Hekja. O rei pediu que ele fizesse uso dessas pessoas se precisasse de velocidade, porque elas eram mais rápidas do que animais. Leifr e Eiríkr cederam esses homens (as pessoas: o homem e a mulher) para acompanharem Karlsefni.

E quando eles tinham velejado diante de Furðustrandir, então deixaram eles os escoceses na terra e ordenaram-lhes que corressem para o sul e procurassem por riquezas naturais e viessem novamente antes que três dias tivessem se passado. (...)

Eles lançaram âncoras e permaneceram lá (ancorados) por esse tempo.

E quando três dias haviam se passado eles (os dois escoceses) correram desde a terra (vieram correndo do alto para baixo, isto é, do interior para a orla), e um deles tinha na mão uva(s), e o outro, trigo selvagem. Karlsefni disse que eles pareciam ter encontrado boas riquezas naturais. (...)

Exercícios

1. Identifique e descreva os pronomes

1. **hvárumtveggjum** dat. pl. de hvárrtvegi
2. **nǫkkura** ac. pl. m. de nǫkkurr
3. **nǫkkurar** nom. pl. f. de nǫkkurr
4. **nǫkkut** ac. sing. n. de nǫkkurr
5. **engi** nom. sing. m. de engi
6. **engan** ac. sing. m. de engi
7. **engum** dat. sing. m. de engi
8. **hverrar** gen. sing. f. de hverr
9. **báða** ac. pl. m. de báðir; **hvárum** dat. sing. m. de hvárr
10. **hvárirtveggju** nom. pl. m. de hvárrtveggi; **engi** nom. sing. m. de engi; **hvárir** nom. pl. m. de hvárr
11. **hvárgi** nom. sing. m. de hvár(r)gi
12. **báðir** nom. pl. m. de báðir
13. **hinir** nom. pl. m. de hinn

2. Traduza as frases

1. Fez-se então logo uma batalha mortífera, e muitos caíram de cada uma das partes (de ambas as partes).
2. O rei caminhou ao longe terra adentro ("acima") e através de ("sobre") algumas florestas.
3. Lá havia diante (deles) alguns povoados dos vales.
4. Então ele mandou que lhe celebrassem o santo ofício, caminhou em seguida até seu navio e mandou que os homens comessem e bebessem algo.
5. O rei Hugleikr não era nenhum guerreiro, e permanecia sentado nas (suas) terras na tranquilidade.
6. Ingjaldr julgava não ter nenhum poderio para lutar com Ívarr.

7. De nenhum outro homem eu desejo receber isso.
8. Ele perguntou de que linhagem era ela.
9. Em seguida eles se preparam e preparam ambos os botes e tinham vinte homens em cada.
10. Tinham então ambas as partes um exército tão grande que nenhuma diferença havia (de) quais eram mais numerosos (isto é: não era possível dizer quais eram mais numerosos).
11. Nenhum deles tinha cota de malha.
12. E quando eles cresceram, foram ambos homens grandes e fortes, assim como o pai deles foi.
13. Os espiões saltaram para fora ("para cima" — estavam escondidos) e os atacaram, e eles (atacaram) em contrapartida, e deu-se assim o encontro/embate deles, que Egill matou dois homens, e os outros, que sobraram, correram floresta adentro.

3. Leitura adicional

É dito sobre Hrappr que ele se fazia (subentenda-se: cada vez mais) intratável; oferecia agora a seus vizinhos tanta hostilidade, que eles mal podiam manter sua posição diante dele. (...) Então Hrappr chamou até si Vigdís, sua mulher, e falou: "Eu não estive doente (até o momento)/eu não estive doente antes," diz ele, "e é mais provável que esta doença separe o nosso convívio; mas quando eu estiver morto, desejo mandar cavar uma sepultura para mim na porta da *eldhús*, e deverei ser colocado postado lá na porta; eu poderei (literalmente: posso) então supervisionar minha fazenda ainda mais cuidadosamente." Depois disso, Hrappr morre. Tudo foi feito conforme ele havia instruído, porque ela não arriscava fazer outra coisa. Mas se ele era ruim de lidar quando vivia, isso então aumentou muito quando ele estava morto, porque ele assombrou muito (caminhou novamente muito). Assim dizem os homens, que ele causou a morte da maioria das pessoas da sua casa como morto-vivo; ele causou grande(s) problema(s) para a maioria daqueles que moravam nas suas vizinhanças; a fazenda de Hrappsstaðir ficou deserta. (...)

Aquelas propriedades que Hrappr possuíra jaziam na desolação, como foi escrito antes. Óláfr considerou que elas estavam bem situadas. (...)

Óláfr apanha em sua mão a lança decorada com ouro, presente do rei, caminha agora de casa e um criado doméstico (vai) com ele. Havia alguma neve na terra; eles chegam ao estábulo e ele estava aberto; Óláfr falou que o criado deveria entrar, — "e eu conduzirei o gado até ti, e tu prende-o em seguida." O criado doméstico caminha até a porta do curral. Óláfr não percebe (nada) antes que ele corre em seus braços; Óláfr pergunta por que ele ia assim medrosamente. Ele responde: "Hrappr está de pé na porta do curral e quis me pegar, e eu estou farto de lutar com ele." Óláfr caminha então até a porta e golpeia (estoca) com a lança na direção dele (de Hrappr). Hrappr segura com ambas as mãos no *falr* (encaixe da ponta da lança) e puxa para fora, de modo que imediatamente a haste da lança se quebra. Óláfr quer então correr para cima de Hrappr, mas Hrappr foi lá para baixo, de onde havia vindo; lá eles se separam; Óláfr tinha a haste, e Hrappr a (ponta da) lança. (...) Na manhã seguinte, Óláfr vai de casa até o local onde Hrappr havia sido sepultado, e manda cavarem lá. Hrappr estava lá ainda não apodrecido. Lá Óláfr encontra sua lança. Em seguida ele manda fazerem uma fogueira; Hrappr é queimado na fogueira, e suas cinzas (são) transportadas para o mar aberto. Daquele momento em diante ninguém mais sofre mal da assombração de Hrappr (não se faz mais mal a nenhum homem da assombração de Hrappr).

Unidade 12

Leitura

Naquele tempo houve uma grande fome na Groenlândia; os homens que haviam ido em expedições de caça/pesca haviam apanhado pouca coisa, e alguns não (haviam) retornado.

Havia lá no povoado uma mulher que se chamava Þorbjǫrg; ela era uma mulher vidente e era chamada de pequena sibila. Ela havia tido ("tido para si") nove irmãs, e foram todas mulheres videntes, mas era a única então em vida. Era costume de Þorbjǫrg nos invernos ir às festas, e convidavam-na para casa principalmente aqueles homens que tinham curiosidade de saber seu destino ou a estação (isto é, como seria a estação); e uma vez que Þorkell era lá o maior fazendeiro, era considerado que cabia a ele saber quando se abrandaria aquela estação ruim que se fazia.

Þorkell convida a mulher vidente para (a sua) casa, e ela é bem recebida, como era o costume quando se deveriam receber mulheres desse tipo. Foi a ela preparado um assento alto e colocado embaixo dela (isto é, para ela se sentar) um coxim; lá dentro deveria haver penas de galinha.

E quando ela chegou de noite e (chegou também) o homem que ao encontro dela fora enviado, então ela estava assim arrumada, (de modo) que tinha sobre si um *tuglamǫttull* azul escuro/negro, e (ele) era cravejado de pedras por toda a borda (de alto abaixo); ela tinha no pescoço contas de vidro, um gorro de pele de carneiro negro na cabeça e por dentro pele de gato branca; e ela tinha um bastão na mão, e havia n(o bastão) um pegador; ele era feito com latão e cravejado de pedras por cima do pegador; ela tinha em torno de si um *hnjóskulindi*, e havia n(ele) uma grande bolsa de pele, e ela conservava lá dentro os seus talismãs que ela precisava ter para a magia. Ela tinha nos pés calçados de pele de bezerro peludos e n(eles) longas tiras, e n(elas = as tiras) grandes botões de estanho/peltre nas extremidades. Ela tinha em suas mãos luvas de pele de gato, e eram brancas por dentro e peludas.

E quando ela entrou, todos os homens julgaram devido dirigir-lhe saudações honoráveis. Ela recebia isso conforme os homens lhe apraziam. O fazendeiro Þorkell tomou-a pela mão e conduziu-a àquele assento que para ela fora preparado. Þorkell pediu a ela que corresse os olhos sobre as pessoas da casa e o rebanho, e também sobre a propriedade. Ela era reticente sobre tudo.

As mesas foram montadas de noite, e há para se contar sobre o que foi preparado (de comida) para a mulher vidente. Para ela foi feito um mingau de leite (de amamentação) de cabrito, e preparados corações de todos os animais que lá havia disponíveis. Ela tinha uma colher de latão e uma faca com cabo de marfim de morsa, (preso) com dois anéis de cobre, e a ponta da lâmina estava quebrada. E quando as mesas foram retiradas, então o fazendeiro Þorkell caminha até diante de Þorbjǫrg e pergunta como parecem a ela, ou quão aprazíveis a ela são lá a propriedade e (literalmente: "ou") os modos dos homens, ou quão rapidamente ela se tornará sabedora daquilo que ele lhe perguntara e que os homens têm mais curiosidade de saber. Ela declara que nada dirá antes da manhã seguinte, (depois) que ela antes tivesse dormido pela noite.

Exercícios

1. Relacione os particípios aos infinitivos

1—b, 2—i, 3—a, 4—d, 5—k, 6—f, 7—g, 8—c, 9—h, 10—e, 11—l, 12—j

2. Complete as lacunas

1. Þeir hǫfðu **gert/gǫrt** búðir sínar upp frá vatninu.
2. Leifr kunni því stórilla, því at Tyrkir hafði lengi **verit** með þeim feðgum ok **elskat** mjǫk Leif í barnœsku.
3. En er þeir váru skammt **komnir** frá skála, þá gekk Tyrkir í móti þeim, ok var honum vel **fagnat**.
4. Ek var **genginn** ekki miklu lengra en þit.
5. Svá er **sagt**, at eptirbátr þeira var **fylldr** af vínberjum.
6. Hann var síðan **kallaðr** Leifr inn heppni.
7. En þá er þú hefir **drepit** Úlfar, skaltu taka af honum gripi, þá er hann hefir **þegit** af Arnkatli.
8. Ok er þeir váru á brott **farnir**, kvað Þórarinn vísu.
9. Váru þá **hafðar** af honum sannar sǫgur.
10. En engi ǫnnur sannendi hafa menn til þess, nema þau, sem nú váru **sǫgð**.
11. Ok er þeir hǫfðu **siglt** um stund, gekk veðr til landsuðrs ok austrs ok gerði storm mikinn, ok bar þá norðr um Írland.

3. Em quais frases há concordância entre particípio e sujeito, e por quê?

Na frase 3, *komnir* concorda com o sujeito *þeir*. Na frase 4, *genginn* concorda com *ek*. Na frase 5 *fylldr* concorda com *eptirbátr*. Na frase 6 *kallaðr* concorda com *Leifr*. Na frase 8 *farnir* concorda com *þeir*. Na frase 9 *hafðar* concorda com *sǫgur*. Na frase 10 *sǫgð* concorda com *þau*. Em todos os casos, a concordância se dá pelo fato de o verbo auxiliar ser *vera*.

4. Traduza as frases

1. Eles tinham feito suas tendas para cima do lago.
2. Leifr abalou-se tremendamente com isso, porque Tyrkir havia estado com ele e seu pai por um longo tempo e amara muito Leifr na infância.
3. E quando eles tinham se afastado um pouco das cabanas, caminhou Tyrkir ao encontro deles, e recebeu uma boa acolhida.
4. Eu havia ido não muito mais longe do que vós (dois).
5. Assim é dito, que o bote rebocado deles estava cheio de uvas.
6. Ele desde então foi chamado (passou a ser chamado) de Leifr o afortunado.
7. E quando tiveres matado Úlfarr, deves tomar-lhe os tesouros/bens preciosos que ele recebeu de Arnkell.
8. E quando eles tinham ido embora, Þórarinn declamou um poema.
9. Foram então tidas dele histórias verdadeiras.
10. Mas nenhuma outra prova os homens têm para isso, salvo aquelas que agora foram ditas.
11. E quando eles tinham velejado por um tempo, o vento soprou para sudeste e leste e caiu ("fez" — impessoal) uma grande tempestade e os arrastou a norte até a Irlanda.

5. Relacione os particípios aos infinitivos

1—g, 2—e, 3—d, 4—b, 5—c, 6—i, 7—a, 8—f, 9—j, 10—h

6. Leitura adicional

E pela manhã, com um dia decorrido, a ela foi oferecida a preparação de que ela precisava para praticar o feitiço. Ela pediu também que trouxessem para ela aquelas mulheres que conhecessem o encantamento que é necessário ao feitiço e que se chamavam *Varðlokur*. Mas aquelas mulheres não se acharam.

Então foi procurado pela fazenda, (para averiguar) se alguém conhecia. Então Guðríðr diz: "Eu não sou nem versada em magia nem uma mulher sábia (em conhecimentos mágicos), porém a minha mãe de criação Halldís me ensinou na Islândia uma canção que ela chamava de *Varðlokur*."

Þorkell diz: "Então tu és sábia na ocasião certa."

Ela diz: "Este é o único procedimento no qual eu não pretendo ser de nenhuma assistência, porque eu sou uma mulher cristã."

Þorbjǫrg diz: "Assim poderia ocorrer, que tu serias de ajuda às pessoas por aqui, e tu não serias então pior do que antes; mas é a Þorkell que eu delego (a incumbência de) providenciar aquelas coisas que é preciso ter."

Þorkell agora pressiona Guðríðr, e ela diz que faria como ele desejava. Então as mulheres formaram um círculo em torno do tablado, e Þorbjǫrg sentou-se no alto (dele). Guðríðr declamou então o poema (ou: entoou então a canção) tão belamente e bem, que ninguém que lá estava presente julgou ter ouvido (antes) com mais bela voz um poema recitado.

A mulher vidente agradece a ela pelo poema e disse que agora muitas daquelas *nátturur* vieram fazer-se presentes e consideraram belo de ouvir que o poema foi tão bem declamado — "mas antes queriam separar-se de nós e nenhuma obediência/audiência prestar-nos. E a mim estão agora nítidas muitas daquelas coisas que antes me eram ocultas, e muitas outras. E eu posso dizer-te, Þorkell, que esta escassez não durará mais do que este inverno, e a estação/os produtos da terra melhorarão quando vier a primavera. A doença que se impôs também arrefecerá (literalmente: melhorará) mais rápido do que se espera. E a ti, Guðríðr, eu retribuirei prontamente o auxílio que partiu de ti para nós, porque o teu destino me é agora totalmente claro. Tu arrumarás um marido aqui na Groenlândia, que é o mais honorável, ainda que não te venha a ser duradouro, porque os teus caminhos se estendem até a Islândia, e lá partirá de ti uma linhagem tanto grande quanto boa, e sobre os teus descendentes luzirão raios mais brilhantes do que eu tenho forças para poder ver assim plenamente; e agora então vai sã e bem, filha."

Unidade 13

Leitura

Ocorreu um incidente em Hlíðarendi, que um pastor e uma serva conduziam o gado ao lado do túmulo de Gunnarr; pareceu-lhes que Gunnarr estava alegre e recitava (poesia) no túmulo. Eles foram para casa e contaram a Rannveig, a mãe de Gunnarr, o incidente, e ela pediu que eles contassem a Njáll; eles foram até Bergþórshváll e contaram a Njáll, e ele os fez contarem a si três vezes. Em seguida ele falou por longo tempo em voz baixa com Skarpheðinn; Skarpheðinn apanhou seu machado e vai com eles até Hlíðarendi. Hǫgni e Rannveig o receberam muitíssimo bem e ficaram muito alegres com sua vinda ("ficaram-lhe muito alegres"); Rannveig convidou-o a permanecer lá por um tempo, e ele prometeu (fazer) isso. Ele e Hǫgni ("Eles Hǫgni") saíam e entravam constantemente. Hǫgni era um homem valente e imponente e incrédulo; eles não ousaram contar a ele o incidente.

Skarpheðinn e Hǫgni estavam fora uma noite ao sul do túmulo de Gunnarr; a luz da lua estava brilhante, e de tempos em tempos era encoberta (por nuvens). Pareceu-lhes que o túmulo estava aberto, e Gunnarr tinha-se virado no túmulo e olhava na direção da lua; eles julgaram ver quatro luzes arderem no túmulo, e não havia sombra em parte alguma. Eles viram que Gunnarr estava exultante e com um semblante muito alegre. Ele recitou uma estrofe e tão alto, que era possível ouvir claramente, ainda que eles estivessem longe:

Repartidor de anéis (?), de pé na virtude, pai de Hǫgni, aquele que conduziu chuva de sangue (= travou batalha) com o melhor coração (= com máxima coragem), falou: declarou o fantasma que porta o convés da espada, haste de Freyja da batalha, antes desejar morrer envolto em elmo do que se dobrar.

Em seguida fechou-se o túmulo. "Tu acreditarias," diz Skarpheðinn, "se outros te dissessem?" "Eu acreditaria, se Njáll me dissesse," diz Hǫgni, "porque é dito que ele nunca mente." "Visões como esta significam muito ("Há muito sobre visões tais")," diz Skarpheðinn, "que ele mesmo se manifestou para nós, que ele queria antes morrer do que se dobrar diante de seus inimigos, e ele nos ensinou esses desígnios." "Eu não conseguirei realizar nada," diz Hǫgni, "a menos que tu queiras prestar-me auxílio." Skarpheðinn falou: "Agora eu me lembrarei de como Gunnarr agiu após o homicídio de Sigmundr, vosso parente. Eu agora te prestarei tanto auxílio quanto eu puder; meu pai prometeu isso a Gunnarr, onde tu tivesses parte ou tua mãe." Eles andaram em seguida para casa, até Hlíðarendi.

Exercícios

1. Identifique a forma dos adjetivos

1. **fegri** — comp. f. sing. nom. de *fagr*; **færi** comp. m. pl. ac. de *fár*; **verra** — comp. ac. sing. m. (*verri*, pior)
2. **miklum** — grau normal, m. sing. dat. de *mikill*; **virðuligasta** — superl. f. sing. nom. de *virðuligr*
3. **glaðr** — grau normal, m. sing. nom.; **hvǫssu** — grau normal, n. pl. ac. de *hvass*
4. **beztr** — superl. m. sing. nom.
5. **mestr** — superl. m. sing. nom.; **ágætligastr** — superl. m. sing. nom. de *ágætligr*
6. **harðasta** — superl. f. sing. nom. de *harðr*

7. **gamli** — grau normal, m. sing. nom. de *gamall*
8. **mikla** — grau normal, n. sing. ac. de *mikill*
9. **mikit** — grau normal, n. sing. ac. de *mikill*; **œrit** — grau normal, n. sing. nom. de *œrinn*; **sama** — grau normal, n. sing. nom. de *samr*
10. **stœrstu** — superl. m. pl. nom. de *stórr*; **ágæztu** — superl. m. pl. nom. de *ágœtr*; **fremstr** superl. m. sing. nom. de *framr*

2. Quais adjetivos estão na forma fraca e quais na forma forte, e por quê?

1. **fegri** — forma fraca, comparativo só existe na forma fraca; **fœri** forma fraca, comparativo só existe na forma fraca; **verra** — forma fraca, comparativo só existe na forma fraca
2. **miklum** — forma forte, pois modifica um substantivo não determinado; **virðuligasta** — forma fraca, porque determinada por art. def.
3. **glaðr** — forma forte, pois é predicativo do sujeito; **hvǫssu** — forma fraca, porque determinada por art. def.
4. **beztr** — forma forte, pois é predicativo do sujeito
5. **mestr** — forma forte, pois é predicativo do sujeito; **ágætligastr** — forma forte, pois é predicativo do sujeito
6. **harðasta** — forma fraca, porque determinada por art. def.
7. **gamli** — forma fraca, porque determinada por art. def.
8. **mikla** — forma fraca, porque determinada por art. def.
9. **mikit** — forma forte, pois modifica um substantivo indeterminado; **œrit** — forma forte, pois é predicativo do sujeito; **sama** — forma fraca, porque determinada por pron. dem.
10. **stœrstu** — forma fraca, porque determinada por art. def.; **ágæztu** — forma fraca, porque determinada por art. def.; **fremstr** forma forte, pois é predicativo do sujeito.

3. Traduza as frases

1. Por que a mulher mais bela tem menos anéis ou ornamentos piores?

2. Ela fica lá agora em grande honra e é considerada a mulher mais honrada.
3. O rei ficou alegre quando viu aqueles olhos penetrantes que ele trazia na fronte.
4. Sigurðr chama o cavalo de Grani, e este cavalo foi o melhor (que existiu).
5. Sigurðr governa aquele *dreki* que era maior e mais excelente.
6. Faz-se lá a mais dura batalha entre eles.
7. Então o velho homem responde.
8. Esses são os teus conselhos, mas outra (coisa) eu farei. Eu cavalgarei até a tua toca e pegarei lá a grande quantia de ouro ("o muito ouro") que os teus parentes possuíram (que já foi de teus parentes).
9. Tu cavalgarás até onde encontrarás tanto ouro que será ("é") suficiente para os teus dias, e esse mesmo ouro será a causa da tua morte e de qualquer outro que o possuir.
10. E quando são listados/enumerados todos os maiores campeões e os mais célebres chefes, ele sempre será contado em primeiro ("mais à frente"), e seu nome percorre todas as línguas ao norte do mar da Grécia, e assim será enquanto o mundo estiver de pé.

4. Analise os superlativos

e. **ágæztu** — superl. de *ágætr*, forma fraca
f. **vænsti** — superl. de *vænn*, forma fraca
g. **vitrasti** — superl. de *vitr*, forma fraca
h. **spakastr** — superl. de *spakr*, forma forte

5. Leitura adicional I

Óðinn partiu com um exército contra os Vanir, mas eles reagiram bem a isso e defenderam a sua terra, e tinham a vitória ora uns, ora outros. Uns atacavam a terra do outro e faziam destruição. E quando ambas as partes estavam cansadas disso, realizaram um encontro conciliatório entre si e selaram a paz e trocaram reféns. Os Vanir entregaram os seus mais excelentes homens, Njǫrðr o rico e seu filho Freyr, ao passo que os Æsir em contrapartida (entregaram) aquele que se chamava Hœnir, e disseram que ele era muito talhado para (ser) chefe. Ele era um homem grande e o mais belo. Com ele os Æsir enviaram aquele que se chamava Mímir, o mais sábio homem, ao passo que os Vanir entregaram em troca dele aquele que era o mais sábio/previdente em seu grupo. Este se chamava Kvasir.

6. Leitura adicional II

O padre Hafliði Ljótsson ouviu recitado em Halleyjarhóll:

Cavalguemos todos
para a convocação da discórdia (= batalha),
filho de Sigrlöð (= guerreiro).
Lá duros lutam,
quando lutam.

Þórarinn Gilsson sonhou que uma mulher recitava isto:

Eu irei em breve
bater com pedras (apedrejar)
lá onde eles lutam
Björn e Sighvatr.

Einarr klápr sonhou que isto era declamado:

Morto está o *hersir* (= chefe),
morto está dolg-Rögnir (= Óðinn da inimizade, isto é, guerreiro),
mortos estão os descendentes (= homens),
o mundo das chamas (está) pronto,
o mundo das chamas (está) pronto.

(...)

Jón chamava-se um homem e era filho de Grettir. Ele sonhou que um homem foi até ele e declamou isto:

Defendei-vos, e defendei-vos,
o vento está no ar.
Sangue choverá
nas gentes (= homens) descobertas/nuas.
Então a ponta e o fio
repartirão a herança.
Agora a dura/aguçada
era da espada (= tempo de guerra) chegou.

Unidade 14

Leitura I

Europa chama-se a quarta parte da terra, ela é (isto é: estende-se) em ambas as direções oeste e noroeste e atinge o nordeste. Na parte leste da Europa fica Garðaríki, lá está Kænugarðr e Hólmgarðr, Palteskja e Smaleskja. Perto de Garðaríki (ou: em seguida a Garðaríki) para sudoeste está o domínio do rei dos gregos, a capital deste estado é Constantinopla, que nós chamamos de Miklagarðr. Em Miklagarðr fica a igreja que no idioma deles chama-se Agiosophia e os nórdicos ("noruegueses") chamam de Egisif. Esta é a igreja mais esplêndida e mais majestosa de todas as igrejas do mundo ("no mundo") em circunferência e altura. Sob o rei dos gregos está (submetida) a Bulgária e muitas daquelas ilhas que são chamadas de ilhas da Grécia. Creta e Chipre são as mais excelentes das ilhas da Grécia.

Leitura II

Naquele tempo muitos nórdicos viajavam até Constantinopla e se alistavam lá como mercenários. Por isso, Þorbjǫrn julgou desejável ir até lá e obter para si riqueza e fama, e não permanecer nos países do norte por conta dos parentes de Grettir. Ele preparou agora sua viagem da Noruega e viajou para o estrangeiro e não parou antes que chegou a Constantinopla e alistou-se lá como mercenário; ele permaneceu lá por um tempo.

Þorsteinn drómundr chegou a Constantinopla um pouco depois de Þorbjǫrn Ǫngull e queria matá-lo a todo custo; mas um não conhecia o outro. Agora eles quiseram se alistar entre os varangos, e isso foi bem recebido, quando souberam que eles eram nórdicos. Então era rei sobre Constantinopla Miguel *katalak*.

Þorsteinn drómundr ficou agora de espreita por Ǫngull, caso pudesse de algum modo (re)conhecê-lo, mas não obteve sucesso nisso por conta da quantidade de homens (que havia lá). Ele ficava lá sempre deitado em vigília e sentia-se descontente com sua condição; julgava ter perdido muito. Agora aconteceu em seguida a isso que os varangos tiveram que partir em uma expedição militar para pacificar a terra de um ataque. E antes de partirem ("de casa" = de seu local), era costume e lei deles ter uma assembleia de armas, e novamente eles assim fizeram.

E quando a assembleia de armas estava montada, então todos os varangos deveriam lá comparecer, e também aqueles que então tinham intenção de alistar-se para a viagem com eles, e mostrar suas armas. Aqui vieram eles ambos, Þorsteinn e Ǫngull. Þorbjǫrn exibiu ("levou à frente") antes suas armas; ele tinha então o espadim Grettisnautr. E quando ele o exibiu, então muitos se admiraram e disseram que era uma arma muito boa, e disseram que era uma grande pena que havia a falha lascada no meio do fio, e perguntaram a ele o que havia causado (aquilo).

Ǫngull disse que aquilo era digno de relato ("disse aquilo digno de relato", com elipse do infinitivo *vera*); "porque há em seguida a isto para ser dito que, lá na Islândia," diz ele, "eu matei um campeão que se chamava Grettir o forte, que lá foi o homem mais valente e intrépido, porque ninguém conseguiu derrotá-lo, antes que eu me apresentasse ("fosse para"). E uma vez que me foi dado pelo destino derrotá-lo, então eu o sobrepujei, e, contudo, ele tinha muitas vezes a minha força. Eu então decepei a cabeça dele com o espadim, e então se quebrou a lasca no fio."

Os que se postavam mais perto disseram que aquele certamente tinha sido duro no crânio, e um mostrou ao outro (o espadim). A partir disso Þorsteinn julgou saber quem era Ǫngull; pediu para ver o espadim, como os demais. Ǫngull cedeu prontamente, porque a maioria louvava a sua força e intrepidez. Ele pensou que este assim faria, mas ele sequer suspeitava que fosse Þorsteinn ou um parente de Grettir.

Drómundr recebeu o espadim e, no mesmo instante, brandiu-o e golpeou na direção de Ǫngull. Esse golpe atingiu a cabeça e foi tão grande que foi parar nos molares; Þorbjǫrn ǫngull tombou morto ao solo. Com isso os homens ficaram muito perplexos. O bailio do lugar imediatamente apanhou Þorsteinn e perguntou por que motivo ele praticou tamanho ato cruel lá em assembleia sagrada. Þorsteinn disse ser irmão de Grettir o forte e, além disso, que ele nunca tinha realizado a vingança antes de lá.

E então muitos apoiaram/concordaram que aquele forte homem devia ter sido muito importante, uma vez que Þorsteinn tinha partido em tão longas andanças pelo mundo para vingá-lo. Aos administradores do lugar isso pareceu plausível; mas, pelo fato de que não havia lá ninguém que pudesse testemunhar algo em favor de Þorsteinn, eram as leis deles que qualquer um que matasse um homem não deveria perder nada mais do que a vida. Þorsteinn recebeu um julgamento rápido e bastante duro; ele deveria ser posto numa cela escura numa masmorra e esperar lá pela morte, se ninguém o libertasse com dinheiro.

Leitura adicional

A Dinamarca é um grande reino e é muito disperso (: fragmentado, dividido em partes). A maior parte da Dinamarca se chama Jótland. Ela fica na parte mais ao sul ao longo do mar. Lá fica a sede episcopal mais meridional da Dinamarca em Heiðabœr, e neste episcopado há trezentas e cinquenta igrejas e cento e trinta navios em conscrição para o rei. A segunda sede episcopal fica em Jótland, lá onde se chama Rípar. Nesta diocese há trezentas e vinte e quatro igrejas, e cento e vinte navios em conscrição para o rei. A terceira sede episcopal fica em Jótland, (no local) que se chama Áróss. Nesta diocese há duzentas e dez igrejas, e noventa navios em conscrição para o rei. A quarta sede episcopal em Jótland chama-se Vébjǫrg. Nesta diocese há duzentas e cinquenta igrejas e cem navios em conscrição para o rei. Limafjǫrðr chama-se (um fiorde) em Jótland. Ele é um grande fiorde e célebre. Ele avança do norte para o sul. A partir da parte norte de Limafjǫrðr há um estreito istmo (que vai) para oeste até o mar, que se chama Istmo de Haraldr. Lá o rei Haraldr Sigurðarson mandou puxarem (através) os seus navios, quando escapava do ataque do rei Sveinn Úlfsson, como é dito na saga do rei Haraldr. A oeste de Limafjǫrðr fica aquele domínio que se chama Vendilskagi e se volta para o norte. Lá fica a quinta sede episcopal da Dinamarca, naquele lugar que se chama Jǫrungr; neste episcopado há cento e cinquenta igrejas e cinquenta navios para o rei. Tudo para oeste de Vandilskagi e para o sul até Rípar chama-se Jótlandssíða. Entre Jótland e Fjón estende-se Meðalfararsund. Em Fjón fica a sexta sede episcopal da Dinamarca, naquele lugar que se chama Óðinsey. Neste episcopado há trezentas igrejas e cem navios para o rei. Entre Fjón e Sjóland estende-se Beltissund. Em Sjóland fica a sétima sede episcopal da Dinamarca, em Róiskelda. No episcopado de Sjóland há quatrocentas e onze igrejas e cento e vinte navios para o rei. Para o norte de Sjóland fica Eyrarsund, e para o norte de Eyrarsund fica(m) Skáni e Halland. Em Skáni fica a arquidiocese de Lundr; esta é a oitava sede episcopal da Dinamarca. Neste episcopado há trezentas e cinquenta e três igrejas e cento e cinquenta navios para o rei. Esta é a sede episcopal mais poderosa em todo o domínio do rei dos dinamarqueses. (...)

Glossário Nórdico–Português

af prep. de || *af því* por isso || *af þessu* a partir disso, por isso
afl n. força
afla v. ganhar, obter (algo [gen.] para alguém [dat.])
akkeri n. âncora
aldr (gen. aldrs) m. idade || *heldr við aldr* já com idade mais avançada, já mais velho || *þegar á unga aldri* logo na juventude
aldri adv. nunca
allgløggsær adj. totalmente claro, manifesto
allgóðr adj. completamente bom, muito bom
allvel adv. muito bem, totalmente bem
andaðr part. pret. morto
andask (**andaðask**) v. morrer
aptr adv. novamente
aptrganga f. assombração, o ato de andar novamente como morto-vivo
arfr (gen. arfs) m. herança
aska f. cinzas
at conj. que || com sentido de propósito: para, de modo a, a fim de
at prep. dat. em, a || *at því er* conforme, tal qual
atbeini m. ajuda, assistência
atburðr m. evento, fato, incidente
ateins (at eins) adv. apenas, só
atferli n. procedimento
atmælasamr adj. rabugento, reclamão
atseta f. residência, morada
auðit part. pret. n. de um verbo obsoleto. Na construção *verða auðit* + dat. ser dado pelo destino a || *mér varð auðit* foi-me dado pelo destino, logrei
auðn f. local deserto, desabitado
auðsýnn adj. facilmente visível, evidente, manifesto
auka (eyk, jók, jókum, aukinn) v. crescer, aumentar
austanverðr adj. oriental, do leste
austr n. leste || adv. para leste, no leste

á (gen. sing. ár, pl. ár; gen. pl. á, dat. pl. ám) f. rio
á prep. em
áðr conj. antes || *áðr* (*en*) antes que
ágangr m. ataque, provocação, agressão
ágætligr adj. excelente
ágætr adj. excelente, célebre
áliðinn adj. passado, decorrido
ámæli n. reprovação, censura
árangr (gen. árangrs) m. estação || colheita, produtos da terra
árferð f. estação
Áróss m. cidade na Jutlândia, moderna Århus, na Dinamarca

bagall m. báculo (cajado eclesiástico)
bakborði m. bombordo
bani m. morte || causa, causador da morte
bardagi m. batalha
barnœska f. infância
batna (batnaða) v. melhorar
báðir (báðar, bæði; gen. pl. beggja) adj. ambos || *bæði ... ok* tanto … quanto, tanto ... como
bál n. fogueira, pira
bátr (-s, -ar) m. bote
beiða (beidda) v. pedir || med. *beiðask* pedir (para si)
beita (beitta) v. colocar gado para pastar || manejar (uma arma) || caçar, perseguir || velejar com velocidade constante
Beltissund n. estreito que separa Sjáland de Fjón
benrǫgn n. poet. chuva de sangue (*kenning* para batalha, mortandade)
bera (ber; bar, bárum; borinn) v. levar, portar, carregar || *bera saman* coincidir || *bera til* ser a causa, causar || *bera af* sobrepujar || *bera um* (vocabulário jurídico) dar veredicto ou testemunhar: *er kynni nǫkkut um at bera með Þorsteini* que pudesse testemunhar algo em favor de Þorsteinn || *bera saman* coincidir, ocorrer ao mesmo tempo
berja (ber; barða) v. bater, golpear || med. *berjask* lutar
berr adj. nu, desnudo, descoberto
biðja (bið; bað, báðum; beðinn) v. pedir, rogar, solicitar
binda (bind; batt, bundum; bundinn) v. amarrar, prender
biskupsdœmi n. *biskupsdómr*
biskupsdómr m. episcopado
biskupsríki n. diocese
biskupsstóll m. sede episcopal
bíða (bíð; beið, biðum; beðit) v. esperar, aguardar || sofrer
bjalla f. sino
bjarga (berg; barg, burgum; borginn) v. salvar, resgatar
bjarndýr n. urso

Bjarneyjar f. pl. Ilhas do Urso
bjóða (býð; bauð, buðum; boðinn) v. convidar, oferecer
blandask (blend; blétt, bléndum; blandinn) v. mesclar, misturar
blár adj. azul escuro, negro
blóð n. sangue
boð n. banquete, festa
boða (boðaða) v. anunciar, proclamar; pregar; oferecer, ordenar
Bolgaraland n. Bulgária
borð n. mesa
borg (-ar, -ir) f. colina || fortificação sobre uma colina || cidadela, cidade fortificada
ból n. toca
bóndi (pl. bœndr) m. fazendeiro, senhor de terras
braut (pl. -ir) f. estrada || adv. embora
bráðr adj. súbito, repentino, breve
brátt adv. (n. de *bráðr*) em breve, logo
bregða (bregð; brá, brugðum; brugðinn) v. mover, mudar || abandonar, deixar
breiðfirzkr adj. de Breiðafjǫrðr (grande baía na parte ocidental da Islândia)
brenna (brenn; brann, brunnum; brunninn) v. arder, consumir-se em chama (o verbo *brenna, brennda* significa queimar, no sentido transitivo: destruir com fogo)
brjóta (brýt; braut, brutum; brotinn) v. quebrar, partir
brotna (brotnaða) v. quebrar, partir-se
brott adv. para longe, embora || *gǫrr á brott* expulso, mandado embora
bróðursonr (pl. -synir) m. filho do irmão, sobrinho
brynja f. cota de malha
burt adv. embora, para longe
bú n. fazenda, lar || *fá til búsins* prover o necessário para a manutenção do lar
búa (bý; bjó, bjoggum/bjuggum; búinn) v. preparar, aprontar || morar || morar no sentido mais específico de *morar como fazendeiro (bóndi) em suas terras* || med. *búask um* se instalar-se, acampar
búð f. morada temporária, tenda
búnaðr (gen. -ar) m. lar ou coisas do lar || equipamento, vestimenta || preparações || ornamento
bústaðr m. local de morada
byggð f. colônia, povoado, povoamento, habitação, colônia
byggja (byggða) v. habitar, colonizar, povoar
byrr (-jar, -ir) m. vento favorável, vento brando
bœr (gen. bœjar, pl. bœir) m. fazenda

dagmál n. pl. hora do dia equivalente às 09:00 da manhã na contagem moderna || *dagmála staðr* posição do sol nessa hora

dagr (gen. sing. dags, dat. sing. degi; pl. dagar) m. dia

dalbyggð f. povoado num vale

Danakonungr m. rei dos dinamarqueses

Danaríki n. Reino dos Dinamarqueses

Danir m. pl. dinamarqueses

Danmǫrk f. Dinamarca

danskr adj. dinamarquês

dá (dáða) v. admirar || med. *dásk at* admirar-se com algo

dáð f. feito, valor, virtude

deila (deilda) v. dividir || distinguir

deilir m. distribuidor, dador

deyða (deydda) v. matar, causar a morte de

deyja (dey; dó, dóum; dáinn) v. morrer

dolg-Rögnir (dólg-Rǫgnir) m. poet. Óðinn da inimizade, isto é, *guerreiro* (**dólg** n. inimizade; Rǫgnir, um nome de Óðinn)

dómr (-s, -ar) m. julgamento

draga (dreg; dró, drógu; dreginn) v. arrastar, puxar

dreki m. dragão || navio com dragão esculpido na proa

drekka (drekk; drakk, drukkum; drukkinn) v. beber

dreyma (dreymda) v. sonhar [o verbo é impessoal, e quem sonha algo é obj., no ac.]

drómundr m. um navio de guerra veloz em uso no Mediterrâneo, do grego *δρόμων* [dromon]

dveljask (dvaldask) v. med. permanecer, ter estada

dybliza f. masmorra, calabouço

dylja (dyl; dulda; duldr, duliðr, dulinn) v. manter (alguém) na ignorância, esconder || *var ek dulið* que antes me eram ocultas (as coisas) — literalmente, que antes eu era mantida na ignorância (das coisas)

dyrr (gen. pl. dura) f. pl. porta (sempre no pl.)

dysja (dysjaða) v. sepultar (normalmente com referência a um monte funerário)

dýr n. animal

dýrligr adj. glorioso, esplêndido

dœgr n. dia (período de 12 horas) || sinônimo de *dagr*, dia, período de 24 horas (o termo muitas vezes traz ambiguidade)

dǫgg (gen. dǫggvar, pl. dǫggvar) f. orvalho

dǫggla gen. pl. de *dǫgull* anel? || *dǫggla deilir* distribuidor de anéis (?), *kenning* para "homem"

eða conj. ou
ef conj. se
efniligr adj. promissor
efri adj. comp. superior, mais alto
egg (gen. eggjar, pl. eggjar) f. fio (de arma de corte)
eið n. istmo
eir n. cobre, latão
Eistland n. Estônia
eldhúsdyrr (gen. pl. -dura) f. pl. a porta da *eldhús* ("casa do fogo", isto é, salão onde há o fogo, também cozinha)
ella adv. e conj. do contrário
elska (elskaða) v. amar
enda conj. e se || mesmo se || e também, e além disso, e de fato || e agora, e então
endi m. fim, extremidade
enn adv. ainda || também, novamente
eptir prep. 1. ac. depois, em sucessão a 2. dat. atrás de, no encalço de
eptirbátr m. bote rebocado
erkibiskupsstóll m. arquidiocese
ey (gen. sing. eyjar, nom. pl. eyjar) f. ilha
eyða (eydda) v. esvaziar, ermar
eykt f. hora do dia equivalente às 15:30 na contagem moderna || *eyktar staðr* (*eyktarstaðr*) posição do sol nessa hora
eyland n. ilha
Eyrarsund n. estreito que separa a Zelândia da Escânia (modernamente separa a Dinamarca da Suécia, e é designado em dinamarquês moderno Øresund e em sueco Öresund)
Eyrbyggjar m. pl. homens de Eyrr, habitantes de Eyrr
eystri adj. comp. que fica mais a leste, oriental

fagna (fagnaða) v. dar boas vindas, acolher || alegrar-se com algo
falda (feld; féld, féldum; faldinn) v. entoucar
falla (fell; féll, féllum; fallinn) v. cair || fluir (rio, mar)
falr (-s, -ir) m. a parte oca da ponta da lança que é encaixada na haste
fang n. apanha (o que é apanhado, no caso caça ou pesca) || agarra, abraço (espaço entre os braços ou o ato de apanhar algo, ter algo nos braços)
fangbrǫgð n. pl. luta com agarras e imobilizações (*wrestling*)

fá (fæ; fekk, fengum; fenginn) v. obter, receber || dar, prover
fálma (fálmaða) v. tatear, apalpar, estender as mãos para tentar pegar
fámáligr adj. de poucas palavras, reticente
fár (fá, fátt — compar. færi) adj. pouco
feðgar m. pl. pai e filho
feginn adj. alegre
fella (fellda) v. derrubar, causar a queda || matar
ferð f. viagem
fé (gen. fjár) n. gado; riqueza, bem de valor; dinheiro
félagi m. companheiro
fénaðr (gen. -ar) m. gado, ovelhas (coletivo)
finna (finn; fann, fundum; fundinn) v. achar, encontrar || perceber, notar
firr adv. longe
fjall n. montanha
fjara f. maré baixa || praia, costa
Fjón n. ilha na Dinamarca, modernamente chamada Fyn
fjós n. estábulo, curral
fjósdyrr f. pl. porta do curral
fjǫldi (também **fjǫlði**) m. multidão, grande quantidade
fjǫlkunnigr adj. versado em magia
fjǫllóttr adj. montanhoso
fjǫlmenni n. multidão, muitas pessoas reunidas
fjǫlmennr adj. lotado, com muitas pessoas
fjǫrðr (gen. fjarðar, pl. firðir) m. fiorde
flestr adj. superl. a maior parte de, a maioria de
fljótliga adv. rapidamente
fljótr adj. rápido, veloz
flokkr (-s, -ar) m. tropa, companhia
flytja (flutta) v. carregar, transportar || declamar, recitar
forlǫg n. pl. destino (o sing. *forlag* tem outro sentido)
forvitni f. curiosidade
fóðr n. forragem
fólk n. gente, povo
fóstra f. mãe de criação || filha de criação
fram adv. à frente, para a frente, adiante, em frente
framganga f. coragem, intrepidez, ousadia
framr adj. adiantado, proeminente, (metaf.) superior
framstafn n. proa
frásagnarverðr adj. digno de ser narrado
fremja (framda) v. realizar, executar, praticar
friða (friðaða) v. pacificar
friðr (gen. -ar) m. paz
frost n. gelo, geada, frio congelante
fróðleikr m. conhecimento || magia

frægð f. fama, renome
frændi (pl. frændr) m. parente masculino
frœði n. e f. conhecimento, sabedoria || conhecimento mágico || encantamento
fullhugi m. um homem intrépido, corajoso
fullkominn adj. (part. pret.) completo
fullr adj. cheio
fundr (-ar, -ir) m. encontro || luta
Furðustrandir f. pl. Praias Fabulosas
fylgð f. acompanhamento, auxílio, companhia || *til fylgðar við Karlsefni* para acompanharem Karlsefni
fylgja (fylgða) v. seguir, acompanhar
fylla (fyllda) v. encher
fyrir prep. antes, diante de, em frente de, por || *fyrir því, at* pelo fato de que || *fyrir þat* por isso
fyrirburðr m. visão, aparição
fyrr adv. antes || *fyrr en* antes que
fyrst adv. superl. primeiramente
fýsa (fýsta) v. compelir, impelir || med. *fýsask* sentir-se compelido, impelido, desejar ||
fýsiligr adj. desejável, atraente
fæltiliga adv. medrosamente
fœða (fœdda) v. nutrir || criar || dar à luz
fœra (fœrða) v. trazer, levar
fǫr (gen. farar, pl. farar/farir) f. viagem || *skip í fǫrum* um navio em viagens de comércio
fǫruneyti n. companhia de viagem, comitiva, tripulação

gamall adj. velho
ganga (geng; gekk, gengum; genginn) v. andar, caminhar || *ganga aptr* "caminhar novamente", isto é, assombrar, levantar-se como morto-vivo || *ganga inn* entrar
Garðaríki n. região que corresponde em grande medida ao território da moderna Rússia.
garðr (-s, -ar) m. cerca, muro | espaço cercado | *skammt frá garði* a uma curta distância do cercado
garpr (-s, -ar) m. homem valente
geðjaðr adj. aprazível, agradável, que parece bom a alguém
gefa (gef; gaf, gáfum; gefinn) v. dar
geisl m. raio
gellir (gen. gellis) m. gritador
gera (gerða; part. pret. gerðr ou gǫrr) v. fazer
gerð (pl. -ar) f. circunferência
geta (get; gat, gátum; getinn) v. pegar, obter, ganhar || supor,

adivinhar || *geta* + part. pret. de outro verbo poder, ser capaz de: *engi gat unnit* ninguém conseguiu vencer
gipta f. boa sorte
gísl (pl. -ar) m. refém (como garantia para a paz acordada)
gjaforð n. partido (potencial marido para uma mulher)
gjaldkeri m. bailio, representante do rei
glaðr adj. alegre
gleðimót n. semblante alegre
glertǫlur f. pl. contas de vidro
gnýr (-s, -ir) m. estrondo
goði m. antes da conversão, um chefe-sacerdote; após a conversão, um chefe
grafa (gref; gróf, grófum; grafinn) v. cavar || sepultar
gras n. relva, vegetação
grautr (ge. -ar) m. mingau
Grettisnautr m. presente de Grettir
griðkona f. serva, servente, criada
Grikkland n. Grécia (referindo-se ao território bizantino em sentido amplo) || *Grikklands haf* mar da Grécia, provavelmente com sentido mais amplo de Mediterrâneo
Grikkr m. grego
gripr (-ar, -ir) m. tesouro, bem precioso
grípa (gríp; greip, gripum; gripinn) v. agarrar, apanhar, pegar
grjót n. pedras (o sing. tem noção de coletivo) || *berja grjóti* apedrejar
grunnsævi n. água rasa
Grœnlandshaf n. mar da Groenlândia
grœnlenzkr adj. groenlandês
grǫf (gen. grafar, pl. -ir/-ar) f. buraco || sepultura
gull n. ouro
gullrekinn adj. decorado com ouro embutido
Gunnbjarnarsker n. abrolho de Gunnbjǫrn
gœðalauss (-laus, -laust) adj. desprovido de coisas boas, de coisas úteis
gǫfugr adj. nobre, venerável
gǫrla adv. bastante, plenamente
gøra/ gørva ► gera

haf n. mar
hagr m. condição, estado
halda (held; hélt, héldum; haldinn) v. segurar, manter || considerar || *haldask* permanecer, continuar, durar
Halland n. região que hoje pertence à Suécia
Halleyjarhóll m. nome de lugar (localização incerta)

hallæri n. fome, escassez de alimentos, estação ruim
happfróðr adj. sábio na ocasião certa
haugr (-s, -ar) m. túmulo, sepultura (monte funerário)
haukdœlskr adj. de Haukadalr
hauss (pl. hausar) m. crânio
haust n. outono
hálfr adj. meio
háls (gen. háls, pl. hálsar) m. pescoço
hár adj. alto
háseti m. remador, tripulante
hásæti n. assento de honra, assento alto
háttr (gen. háttar, pl. hættir) m. modo, conduta || *þess háttar konur* mulheres deste tipo
heðan (também **héðan**) adv. daqui || *heðan frá* doravante, daquele momento em diante, de agora em diante
hefna (hefnda) v. vingar, vingar-se (obj. no gen.)
hefnd f. vingança
Heiðabœr m. moderna Hedeby, na Dinamarca
heiðinn (heiðin, heiðit) adj. pagão
heilagr adj. sagrado
heill adj. são, saudável
heilræði n. conselho são (i.e. prudente, sábio)
heim adv. para casa
heima adv. em casa
heiman adv. de casa
heimr (-s, -ar) m. mundo
heimta (heimta) v demandar
heita (heit/heiti; hét, hétum; heitinn) v. 1 (presente *heiti*) chamar-se || 2 (presente *heit*) prometer
heldr adv. comp. mais, antes (equivalente ao ingl. *rather*)
helgistaðr m. lugar sagrado
hella f. rocha chata, placa de rocha
heppinn adj. sortudo, afortunado
herða (herða) v. pressionar, exortar
herfǫr f. expedição militar
herja (herjaða) v. guerrear em busca de espólios do inimigo vencido, guerrear por despojos
hermaðr m. guerreiro
hernaðr (gen. -ar) m. ataque, saque, guerra para saquear
herr (gen. hers/ herjar) m. exército, tropa
hersir (gem hersis, pl. -ar) m. na Noruega antes da unificação, um chefe guerreiro local
heyja (háða) v. ter, conduzir || *heyja benrǫgn* kenning para "travar batalha"
heyra (heyrða) v. ouvir, escutar
hér adv. aqui || *hér um* por aqui
hitta (hitta) v. encontrar, deparar-se com
hjallr m. tablado

hjarta n. coração
hjá prep. junto a, ao lado de, próximo a || *vera hjá* estar presente
hjálmr (-s, -ar) m. elmo
hjón n. membro da casa || doméstico, servo, criado || pl. casal, marido e mulher
hjú n. pessoa da casa (servo, familiar, criado)
hjǫrð (gen. hjarðar, pl. hjarðir) f. rebanho
hjǫrþilja f. poet. "prancha/convés da espada", i.e. escudo || *hjǫrþilju vættidraugr* fantasma que porta o escudo, i.e. Gunnarr
hlaupa (hleyp; hljóp, hlópum; hlaupinn) v. correr; saltar
hljóðlyndr adj. taciturno
hljóðr adj. silencioso, quieto || *talaði hljótt* falou em baixa voz, secretamente
hluti m. parte
hlutr (-ar, -ir) m. parte, participação, condição || coisa || *eiga hlut* ter parte, participar, intervir
hlýðni f. obediência
hnjóskulindi m. um cinto (o sentido exato do termo não é claro, poderia ser vertido como *cinto de pederneira*)
horfa (horfða) v. voltar-se, olhar, estar virado
hófsmaðr m. homem moderado, temperado, justo
Hólmgarðr m. moderna Novgorod, na Rússia
Hrappsstaðir m. pl. nome de uma fazenda
hreysti f. valor, força
hringr m. anel (ou bracelete) || círculo
hríð (pl. -ir) f. tempestade (especialmente de neve) || ataque || um tempo, um momento || *um hríð* por um tempo, durante um tempo
hugsa (hugsaða) v. pensar
húðfat n. saco de dormir ou rede de dormir
hús n. casa
húskarl (-s, -ar) m. criado doméstico, servo
hvar pron. int. onde
hvass adj. agudo, penetrante
hvat pron. interrog. que, o que
hvárki pron. n. (hvárgi) nem || *hvárki... né* nem... nem
hvárt pron. n. (de hvárr) se
hveiti n. trigo || *hveiti sjálfsáit* trigo selvagem
hveitiakr (gen. -akrs, pl. -akrar) m. campo de trigo
hverfa (hverf, hvarf, hurfum; horfinn) v. voltar, voltar-se
hvergi adv. em nenhum lugar, em parte alguma
hversdagliga adv. diariamente; comumente, geralmente
hversu adv. como, quão

hvert adv./pron. aonde || *hvert at þeir fóru* aonde eles iam, para onde iam
hvé nær adv. quando
hví pron. por que
hyggja (huggða) v. pensar, crer; pretender
hýbýli n. pl. lar, propriedade, fazenda || família (pessoas da casa)
hæð f. colina, elevação
hætta (hætta) v. cessar, parar
hættr adj. perigoso
hœgindi n. almofada, coxim
hœnsafiðri m. penas de galinha (a palavra é singular, mas a noção é de "penas" no pl., plumagem)
hǫfðingi m. chefe
hǫfuð n. cabeça
hǫfuðstaðr m. capital, local principal
hǫgg (dat. hǫggvi) n. golpe (tratando-se de arma com lâmina, entenda-se golpe no sentido de corte)
hǫggva (høgg; hjó, hjoggum, hǫgvinn) v. golpear (no sentido de cortar com uma arma de corte)
hǫnd (gen. sing. handar, nom. pl. hendr) f. mão || *á hendr* + dat. contra || *í hǫnd* prontamente, imediatamente || *í hǫnd sér* em sua mão || *hǫndum báðum* com ambas as mãos

il (pl. iljar) f. sola do pé
illr adj. mau, ruim
inn adv. dentro de, para dentro de
innan adv. na parte interna || *við innan* por dentro
Írland n. Irlanda
írskr adj. irlandês
ítarligr adj. imponente, belo, majestoso

jafn adv. igualmente
jafnan adv. constantemente, sempre
jafndœgri n. duração igual entre o dia e a noite
jafnskjótt adv. no mesmo instante, tão rapidamente quanto, no ato
jafnsœtr adj. igualmente doce
jarl (-s, -ar) m. título de autoridade inferior ao rei (cognato do inglês *earl*)
jaxl (-s, -ar) m. molar
Jótland n. Jutlândia
Jótlandssíða f. costa da Jutlândia, isto é, sua costa ocidental
jǫkull (-s, pl. jǫklar) m. geleira
Jǫrungr m. povoado no norte da Dinamarca, moderna Hjørring

kalla (kallaða) v. chamar || **kallask** v. med. (com inf.) declarar
kanna (kannaða) v. explorar
kappi m. herói, campeão, homem de grandes feitos
karlmaðr m. homem (em oposição a *kona*)
kasta (kastaða) v. lançar, jogar
kattskinn n. pele de gato
kattskinnsglófi m. luva de pele de gato
kálfskinnsskór (pl.-skúar) m. calçado de pele de bezerro
kátligr adj. alegre
kátr adj. alegre, exultante
kenna (kennda) v. dat. e ac. ensinar (algo a alguém) || sentir, perceber, reconhecer
kennimaðr m. clérigo
kiðjamjólk (gen. -r) f. leite de cabrito (leite de amamentação da cabra)
kirkja (gen. pl. kirkna) f. igreja
kista f. baú, arca
Kípr f. Chipre
Kjalarnes n. Cabo da Quilha
kjǫlr (gen. kjalar, pl. kilir) m. quilha
klápr (=kláfr) m. uma caixa carregada no lombo do cavalo
klæði n. tecido; no pl. roupas
knappr (-s, -ar) m. pegador
knarrarbringa f. (epíteto) "peito de knǫrr"; **knǫrr** m. navio mercante
knérunnr m. linhagem, estirpe
knífr (-s, -ar) m. faca
koma (kem; kom/kvam, kómum/kvámum; kominn) v. vir, chegar || *koma fram* realizar, executar || *koma til* caber, concernir || *koma inn* entrar || *komask undan* escapar
konungr (-s, -ar) m. rei
konungsnautr (-s, -ar) m. presente do rei
kostr (-ar, -ir) m. escolha, alternativa, condição || recurso
kráka f. corvo
kristinn adj. cristão
kristni f. cristianismo
Krít f. Creta
kunna (kann; kunna; kunnat) v. saber, conhecer || (com inf.) poder || *kunna stórilla* + dat. ficar muito abalado com
kunnigr adj. conhecido
kveða (kveð; kvað, kváðum; kveðinn) v. dizer, declarar, pronunciar (+ inf.) || recitar, declamar || med. *kveðask* declarar sobre si mesmo (+ inf.) || *hann kvazk eigi þat vilja* ele disse não desejar isso
kveðja f. saudação
kveld n. noite
kvellisjúkr adj. doente, enfermo
kvæði n. poema, canção

kykvendi (também **kvikvendi**) n. animal, criatura
kynkvísl f. linhagem, ramo familiar
kyrrsæti n. repouso, tranquilidade
Kænugarðr m. moderna Kiev, na Ucrânia

lambskinnskofri m. gorro de pele de carneiro
land n. terra
landnámamaðr m. colonizador, "tomador de terras" (em referência ao processo de colonização da Islândia, *landnám* "tomada de terras", de *nema* e *land*)
landnorðr n. nordeste
landnyrðingsveðr n. vento nordeste
landsfólk n. população da terra
landskostr m. riquezas da terra
landsuðr n. sudeste
langr adj. longo || n. **langt** usado adverbialmente: longe
langæð f. longa duração
launa (launaða) v. repagar, recompensar
laungetinn part. pret. bastardo, ilegítimo
lax (pl. laxar) m. salmão
láta (læt; lét, létum; látinn) v. pôr, colocar, deixar || *láta eptir* deixar para trás || fazer com que, mandar (com infinitivo) || *þá vil ek mér láta grǫf grafa* então eu quero que mandes cavar uma sepultura para mim, então quero que faças com que seja cavada uma sepultura para mim || *lætr hann gera bál* ele manda fazerem uma fogueira
leggja (lagða; part. pret. lag(i)ðr/laginn) v. pôr, colocar || estocar (com arma perfurante) || *leggja undir sik* submeter
leið f. caminho
leiða (leidda) v. conduzir
leiðask (leiddask) v. med. + dat. aborrecer || *en er þat leiddisk hvárumtveggjum* e quando isso aborreceu a ambas as partes, quando ambas as partes se cansaram disso
leika (leik; lék, lékum; leikinn) v. jogar, brincar, praticar; mover-se, balançar; espalhar-se (fogo)
leita (leitaða) v. procurar
lenda f. terra, propriedade
lengi adv. por muito tempo || *lengr en* por mais tempo do que
leyna (leynda) v. ocultar, esconder
leyniliga adv. às escondidas, ocultamente
leysa (leysta) v. soltar
létta (létta) v. desistir, parar, cessar, abrandar,
liðsinni n. auxílio, ajuda
lifa (lifða) v. viver

liggja (ligg; lá, lágum; leginn) v. jazer, estar situada, estar || *liggja á* impôr-se sobre, assolar, acometer || *liggja út til Íslands* estendem-se para a Islândia, isto é: conduzem-te à Islândia || permanecer ancorado (um navio)
Limafjǫrðr m. fiorde no norte da Dinamarca, em dinamarquês moderno Limfjorden
líða (líð; leið, liðum; liðinn) v. passar
líf n. vida || *vera á lífi* estar vivo
líkligr adj. provável, plausível
líkr adj. parecido, similar || provável
líta (lít; leit, litum; litinn) v. olhar, ver, enxergar || med. **lítask** parecer (a alguém, no dat.)
lítill adj. pequeno || pouco
lítt adv. pouco
ljá (lé; léða; léðr) v. emprestar
ljós n. luz
ljúga (lýg; laug/ló, lugum; loginn) v. mentir
loðinn adj. peludo
lofa (lofaða) v. louvar, elogiar || permitir
loft (lopt) n. ar, céu, atmosfera
logheimr m. mundo das chamas, isto é, inferno
Lundr m. moderna Lund, na Suécia
lúka (lýk; lauk, lukum; lokinn) v. fechar; abrir || *lúka aptr* fechar || || *því lauk svá at...* e acabou que..., e por fim...
lúta (lýt; laut, lutum; lotinn) v. curvar-se (diante de alguém, em sinal de reverência)
lýti n. falha, mácula || pena || *ok kváðu þat mikit lýti á, at* e disseram que era uma grande pena que
lýzka (lýðska) f. costume, modo || dialeto
lǫg n. pl. lei, leis

mannskœðr adj. mortífero, sangrento
mannvirðing f. renome, honra
mannvænn adj. promissor
Markland n. Terra da Floresta
matbúa (conjuga-se como como *búa*) v. preparar comida, cozinhar
mál n. caso | fala | língua || *koma at máli við* ter uma conversa com, dirigir a palavra a
máli m. contrato, acordo || contrato de serviço militar pago || *ganga á mála* assoldadar-se (como mercenário)
með prep. com || *ok með því at* e uma vez que, e já que || *ok þat með* e além disso, e mais
meðal prep. gen. entre
Meðalfararsund n. estreito entre a Jutlândia e Fjón,

modernamente chamado Lille Bælt
meðan conj./adv. enquanto
mega (mátta) v. poder
megin n. poder, força
mein n. mal, dano
meiri adj. comp. mais, maior || *meira... en* mais... do que
meirr adv. comp. mais
melrakki m. raposa branca, raposa do ártico
merki n. sinal, indício
messing f. latão
messingarspónn m. colher de latão
mestr adj. superl. maior, máximo
meta (met, mat, mátum; metinn) v. estimar, atribuir valor || *meta við* delegar a decisão a
miðr adj. médio, medial, do meio
Mikael katalak m. trata-se do imperador bizantino Miguel IV, o paflagônio. O termo *katalak* parece ser uma corruptela nórdica do vocábulo grego medieval *καταλλακτής* [*katallaktis*], "banqueiro, mediador de trocas e transações pecuniárias" (do v. *καταλλάσσω* [*katalasso*], "trocar dinheiro"). Este imperador é também retratado em sagas de reis, pois, durante o seu governo (1034—1041), esteve entre os varangos o célebre rei norueguês Haraldr Sigurðarson.
mikill adj. grande || *mikill fyrir sér* poderoso, grandioso, imponente, importante
Miklagarðr m. Constantinopla
milli prep. (gen.) entre
missa (missta) v. perder, sentir falta de, ser privado de (obj. no gen.)
mjór (mjó, mjótt) adj. fino, estreito
morginn m. manhã || *um morgininn eptir* na manhã seguinte || *á morgin* amanhã
móðurkyn n. linhagem materna || *at móðurkyni* por parte de mãe
mót n. encontro, junção || *í mót* em contrapartida || *í móti* + dat. ao encontro de
muna (man; munda; munaðr) v. recordar-se, lembrar
munnr (-s, -ar) m. boca
munr (-ar, -ir) m. diferença || importância || algo necessário || *fyrir hvern mun* a todo custo, de qualquer forma
mynni n. boca, foz (de um fiorde, rio etc.)
myrkvastofa f. cela escura, masmorra
mæla (mælta) v. falar, pronunciar || *mæla eptir* falar por alguém nos procedimentos legais, tomar o partido de alguém (judicialmente)
mǫsurr m. bordo (árvore)

nafn n. nome || *spyrja at nafni* (+ ac.) perguntar a alguém como se chama
nafnfrægr adj. célebre, renomado
naut n. pl. gado
ná (nái; náða; nát) v. pegar, tomar, alcançar, obter
nábúi m. vizinho
nálgask (nálgaðask) v. aproximar-se
nánd f. vizinhança, cercanias, proximidade || *í nánd* nas cercanias, na vizinhança
náttúra f. natureza || espírito, poder sobrenatural
nema (nem; nam, námum; numinn) v. pegar, tomar || *nam staðar* parou
nema conj. a menos que, a não ser que, salvo
nenna (nennta) v. estar disposto (a algo)
nes n. cabo, península
niðr (pl. niðjar) m. filho, descendente || aqui designa poeticamente *homens*
niðr adv. abaixo, embaixo
níu num. nove
njósnarmaðr m. espião
njóta (nýt; naut, nutum; notit) v. usufruir, fazer uso de || *njóta við* receber ajuda de
norðan adv. do norte || *fyrir norðan* a norte de
norðanveðr n. vento norte
norðanverðr adj. do norte, setentrional
Norðmaðr m. nórdico, norueguês
norðr n. norte || adv. para o norte
Norðrlǫnd n. pl. terras do norte, isto é, os países escandinavos
norðrætt f. norte
norrœna f. vento norte || língua norueguesa (nórdica)
norrœnn adj. norueguês
Nóregr m. Noruega
nótt (gen. nætr, pl. nætr) f. noite
nú adv. agora
nær adv. e prep. dat. perto, próximo || *nær miðri hinni eystri byggðinni* perto do meio da colônia oriental (isto é: do local onde viria a ser construída a colônia oriental)
næst adv. superl. mais perto, próximo || *þessu næst* em seguida a isso, logo depois disso
næstr adj. superl. próximo

oddr (-s, -ar) m. ponta (de uma lâmina)
ofan adv. de cima, para baixo
opinn (opin, opit) adj. aberto
óáran n. estação ruim (em termos de colheita)

óbirgr adj. desprovido
óbyggð f. região deserta, desabitada, selvagem || *í hina vestri óbyggð* na parte ocidental desabitada
ódæll adj. difícil, briguento, intratável
Óðinsey f. em Fjón, moderna Odense
ófjǫllóttr adj. sem montanhas, plano
ófriðr m. guerra, hostilidade
ófúinn adj. incorrupto, não apodrecido
ófœrr adj. impassável, intransponível || impossível || inválido
ógagnvænligr adj. não lucrativo, que não aparenta oferecer coisas úteis
óhœfuverk n. feito malvado, ação cruel
ókvæða adj. indecl. sem fala (devido ao espanto), atônito, perplexo
ómaki m. problema
ór prep. dat. de, vindo de, para fora de
ósigr (gen. ósigrs) m. derrota
ósæbráttr adj. não íngreme na costa (isto é, a costa não termina num penhasco sobre o mar)
óvinr (-ar, -ir) adj. inimigo
óvitrligr adj. tolo, insensato

Palteskja f. moderna Polotsk, na Bielorrússia
papi m. monge, eremita (irlandês)
prestr (-s, -ar) m. padre

rakkr adj. ereto
rauðr adj. vermelho
ráð n. plano, conselho, decisão, comando || *taka ráð* decidir
ráða (ræð; réð, réðum; ráðinn) v. aconselhar, planejar, governar, concordar; atacar (*ráða at*) || ráðask v. med. alistar-se, entrar no serviço
ráðsmaðr m. bailio, administrador
reiða (reidda) v. transportar a cavalo, carregar (no ombro, por exemplo), carregar (diz-se de vento ou ondas que carregam um barco à deriva) || *reiða upp* brandir (uma arma, com o intuito de desferir golpe)
reiða f. serviço, acomodação || *til reiðu* ao dispor, à vontade
reka (rek; rak, rákum; rekinn) v. dirigir, conduzir, compelir, empurrar || med. *rekask* vaguear, ser levado sem rumo, ir em andanças
renna (renn, rann, runnum; runinn) v. correr || *renna á* correr sobre, avançar contra

réna (rénaða) v. fenecer
rigna (rigndi) v. chover
rita (ritaða) v. escrever
ríða (ríð; reið, riðum; riðinn) v. cavalgar
ríki n. estado, reino, domínio
ríkr adj. poderoso
Rípar f. pl. moderna Ribe
rjúfa (rýf; rauf, rufum; rofinn) v. quebrar, romper
róa (pres. rœ; pret. reri, reyri ou røri; part. pret. róinn) v. remar
rógstefna f. poet. encontro da discórdia, convocação da discórdia, isto é: batalha
Róiskelda f. moderna Roskilde, na Zelândia
ryðja (rudda) v. desmatar, limpar terra de árvores; esvaziar, limpar
rœða (rœdda) v. falar
rǫdd (gen. raddar, pl. raddir) f. voz

saddr adj. (part. pret. de *seðja*) satisfeito, saciado
saga f. história (em sentido geral); saga (o gênero literário)
saman adv. junto, conjuntamente || *eiga saman* dividir a posse de
samr adj. mesmo
samskulda adj. indecl. que compensa, que equilibra
samvista f. (também **samvist** f.) coabitação, vida conjugal
sandr (-s, -ar) m. areia; praia
sannendi (também **sannindi**) n. pl. verdade, corroboração, prova
sannr (sǫnn, satt) adj. verdadeiro
saurr m. lama, sujeira || excremento
sax n. espadim (espada de lâmina curta e com fio em apenas um lado)
segja (sagða) v. dizer || *segja frá* contar, narrar || *ok er frá því at segja* e há sobre isso para se contar (fórmula narrativa comum nas sagas); *þat er sagt frá Hrapp* conta-se sobre Hrappr, é dito sobre Hrappr || *segjask*
segl n. vela
seiðr (gen, -s/-ar) m. feitiço, encantamento
sekr adj. proscrito, banido
selja (selda) v. conceder, entregar
sem conj./pron. rel. que, quando, como, à medida que
senda (senda) v. enviar
seta f. grupo de homens arregimentados
setja (setta) v. colocar, pôr, estabelecer, montar, posicionar, dirigir
setstokkr (-s, -ar) m. viga ou coluna (de madeira)

siðr (-ar, -ir) m. costume, hábito, conduta
sigla (siglda) v. velejar
sigling f. navegação
sigr (gen. sigrs) m. vitória
Sigrlöð (Sigrlǫð) f. uma valquíria; poet. *sonr Sigrlaðar* guerreiro
silfr n. prata
sinn n. vez || *eitt sinn* uma vez, certa vez
sitja (sit; sat, sátum; setinn) v. sentar-se, estar sentado || *sitja um* ficar de espreita, ficar de guarda (para atacar)
síðan adv. em seguida, depois, desde que
síðar adv. comp. mais tarde || *litlu síðar* um pouco mais tarde, pouco depois
síðastr adj. último
sízt adv. superl. menos
sjá (sé; sá, sám; sénn) v. ver || *sjá yfir* supervisionar || *sjásk um* olhar ao redor
sjálfr adj. próprio, mesmo
sjálfsáinn adj. "semeado por si mesmo", i.e. selvagem (diz-se do trigo que cresce sem cultivo)
sjár (gen sjávar; também formas alternativas: sjór, gen. sjóvar; sær, gen. sævar) m. mar || *á sjá út* para o mar aberto
Sjóland n. Zelândia
skaði m. dano, destruição
skalmöld (**skálmǫld**) f. poet. "era da espada", isto é, "tempos belicosos"
skammdegi n. dia curto de inverno
skammr adj. breve, curto || *skammt ólifat* pouco tempo por viver
skap n. temperamento
skapfelldr adj. agradável
skapt n. haste (de uma lança), cabo
skarð n. corte, entalhe, falha (diz-se *skarð* numa lâmina que perdeu uma lasca e ficou dentada)
skarpr adj. ressecado || estéril || agudo, aguçado, duro, cortante
skaut n. canto, extremidade, aba (de um tecido); canto da vela
skáli m. cabana
Skáni m. Escânia (moderna Skåne), região que hoje pertence à Suécia
skémaðr m. hipócrita; (?) impostor, charlatão; (?) ilusionista
skilja (skilða/skilda) v. separar || *at þessi sótti skili* que esta doença separe || *skilr þar með þeim* lá eles se separam || *skiljask* separar-se || *skiljask við* separar-se de
skip n. navio
skipsflak n. naufrágio
skipsǫgn f. tripulação
skipta (skipta) v. dividir, repartir || acontecer, dar-se

skipti n. partilha, divisão, mudança || pl. tratativas, disputas, lutas
skína (skín; skein, skinum; skininn) v. brilhar, luzir
skjóðupungr m. bolsa de pele || *ok var þar á skjóðupungr* e havia lá n(ele) uma bolsa de pele
skjóta (skýt; skaut, skutum, skotinn) v. atirar, arremessar, lançar
skjótleikr m. velocidade
skjótr adj. rápido, veloz, súbito || *dýrum skjótari* mais velozes do que animais
skorta (skorta) v. faltar, carecer, estar carente (de algo)
skozkr adj. escocês
skógr (-ar, -ar) m. floresta
skriða f deslizamento de terra
skuggi m. sombra
skyldr adj. obrigado, com dever (de algo)
skǫruligr adj. imponente
slá (slæ; sló, slógum; sleginn) v. bater, forjar, matar || *slá hring um* formar um círculo em torno de, cercar
sléttr adj. plano, chato, nivelado
slíkr adj. tal; este, aquele
smalamaðr m. pastor
Smaleskja f. moderna Smolensk, na Rússia
smár adj. pequeno
snara (snaraða) v. girar, torcer || *snarar út af* dá um puxão para fora
snarr adj. agudo, aguçado
snæða (snædda) v. comer, fazer a refeição
snjór (gen. snjófar/snjóvar) m. neve
snúa (sný; snera/snøra; snúinn) v. voltar, virar || *snúask* voltar-se, virar-se
sofa (sef; svaf, sváfum; sofinn) v. dormir
sómi m. estima, honra
sótt (pl. -ir) f. doença
sóttarfar n. doença
spakr adj. sábio, previdente
spákona f. profetisa, sibila, mulher vidente
spjót n. lança
spyrja (spurða) v. perguntar || tomar conhecimento
spyrna (spyrnda) v. chutar || *spyrnask í iljar* tocar-se com as solas dos pés (enquanto deitados de costas)
staðr (-ar, -ir) m. lugar, local
stafn m. extremidade do navio (popa ou proa)
stafr (-s, -ir) m. bastão, bengala, haste
standa (stend; stóð, stóðum; staðinn) v estar de pé, postar-se; levantar-se, pôr-se de pé || *standa yfir* sobrevir, fazer-se, durar
stefna (stefnda) v. dirigir-se para, voltar-se para
steinn (-s, -ar) m. pedra

stjórnborði m. estibordo (lado direito da embarcação)
stormr (-s, -ar) m. tempestade
stórilla adv. muito mal
stórr adj. grande
strǫnd (gen. strandar, pl. strendr/strandir) f. praia, costa
stund (pl. -ir) f. (determinado intervalo de) tempo || *um stund* por um tempo
stundum adv. às vezes, por vezes, de tempos em tempos
styrkr m. força, reforços, poderio
stýra (stýrða) v. governar, pilotar
suðr n. sul || adv. para o sul
suðrátt f. sul, para o sul
suðrmaðr m. homem do sul
sumar (dat. sing. sumri, nom. pl. sumur) n. verão || *um sumarit* durante o verão, no verão || *hit þriðja sumar* no terceiro verão || *í sumar* neste verão
sumr (sum, sumt) adj. algum
sund n. estreito, canal
sundrlauss adj. espalhado, fragmentado, descontínuo
sunnan adv. desde o sul, ao sul || *fyrir sunnan* a sul de
svara (svaraða) v. responder
svartr adj. negro || em referência a aspecto físico de alguém, o termo denota normalmente a cor dos cabelos e da barba
svá adv. assim || tanto, tão || *svá ... ok* tanto ... quanto
sveinn (-s, -ar) m. menino
sveit f. tropa, regimento, esquadrão || *koma sér í sveit* alistar-se no regimento
svipr m. movimento rápido || imagem de relance
svívirða (svívirða) v. desonrar, aviltar
syðri adj. comp. mais ao sul
synnstr adj. superl. que fica mais ao sul, mais meridional
sýna (sýnda) v. mostrar || med. *sýnask* parecer (com dativo e infinitivo)
sæti n. assento
sætt (pl. -ir) f. reconciliação, acordo
sætta (sætta) v. reconciliar
sættarstefna f. encontro para selar a paz, encontro conciliatório || *lǫgðu þeir milli sín sættarstefnu* realizaram um encontro para selar a paz entre si
sœkja (sótta) v. procurar, ir atrás de, visitar, atacar, perseguir || *nú til hafa sótt* terem agora vindo fazer-se presentes, terem vindo visitar (complemento do verbo *kvað*)
sœmð (também sœmd)f. honra
sœmiligr adj. honorável, digno, condigno
sǫk (gen. sakar, pl. sakir/sakar) f. acusação, ofensa, ação legal,

causa || *fyrir hverja sǫk* por que motivo || *fyrir víga sakar* por conta de homicídios

taka (tek; tók, tókum; tekinn) v. pegar, tomar || *taka til* fazer uso de, lançar mão de || *taka þat land* aportar naquela terra, ancorar junto àquela terra || *taka upp borð* serve para designar o ato de *montar as mesas para a refeição* e *retirá-las após a refeição* || *taka við* receber, aceitar || *taka undir* corroborar, apoiar || med. *takask* fazer-se, ocorrer
tal n. fala, conversa || língua, fala || número
tala (talaða) v. falar
tannskeptr adj. com cabo de marfim de morsa
taparøx f. machadinho
telja (talða/talda; taliðr/taldr/talinn) v. contar, enumerar
til prep. gen. até, para
tinknappr m. botão de estanho (ou peltre, que é uma liga composta principalmente de estanho com um pouco de cobre e outros metais)
tíð (pl. -ir) f. tempo, hora || pl. *tíðir* ofício divino, liturgia
tími m. tempo
tortryggr adj. incrédulo
treysta (treysta) v. assegurar || arriscar, ousar || *treystask* + dat. arriscar, ousar
trú (gen. trúar) f. fé
trúa (trúða; part. pret. trúat) v. crer, acreditar
tuglamǫttull m. manto preso por uma alça
tunga f. língua
tungl n. lua
tunglskin n. brilho da lua, luar
tuttugu num. card. vinte
tvíhólkaðr adj. preso com dois anéis
týna (týnda) v. perder
tǫfr n. talismãs, magias, encantos

um prep. em torno de || sobre, a respeito de || durante || por cima de, através
umbúningr m. equipamento, preparação, aparato
umrœða f. discussão, discurso, conversa
una (uni, unða/unda, unat) v. contentar-se, estar contente || *una lítt við* estar descontente com
undan prep. dat. e adv. de baixo (movimento originado de sob), a partir de baixo, saído de baixo
undir prep. embaixo, por baixo, sob

undirfǫrull adj. traiçoeiro
upp adv. acima, em cima, para cima
upphaf n. início
uppi adv. em cima, no alto
úrigr adj. maldoso, intratável
út adv. fora, para fora || contém a noção também de “para o mar aberto” e, quando se faz referência ao trajeto que leva à Islândia, *út* indica “para a Islândia” ou “na Islândia” || *fór/kom út í Miklagarð* foi/chegou a Constantinopla (*út* expressa aqui a nuance de distância, e pode-se entender como equivalente ao português *lá*: chegou lá a Constantinopla) || *fór út í lǫnd* viajou para as terras distantes, viajou para o estrangeiro || *út í heim* mundo afora
útan adv. vindo de fora, saindo do exterior || da Islândia (a expressão denota muitas vezes um movimento com ponto de partida na Islândia: *fara útan*, “viajar da Islândia”)
útboð n. conscrição
úti adv. fora || em mar aberto
útnorðr n. noroeste
útsuðr n. sudoeste
útsynningr m. vento sudoeste
vaka (vakta; part. pret. vakit) v. estar em vigília, acordado
vakna (vaknaða) v. acordar, despertar
val-Freyja f. poet. Freyja da batalha, i.e. deusa da batalha, valquíria || *stafr val-Freyju* bastão/haste da deusa da batalha, i.e. guerreiro
Vandilskagi (também **Vendilskagi**) m. moderna Skagen, no extremo norte da Dinamarca
vandliga adv. cuidadosamente, atenciosamente, completamente, plenamente
Vanir m. pl. os deuses Vanir
vara (varaða) advertir, alertar || med. *varask* tomar cuidado com, precaver-se, resguardar-se
Varðlok(k)ur f. pl. cantos para invocar espíritos — a tradução e a etimologia deste vocábulo são debatidas. Pode-se interpretar o radical *varð-* como “guardião”, e assim entenderíamos o termo como indicando fórmula mágica para invocar espíritos protetores.
varðveita (varðveitta) v. conservar, guardar
varðveizla f. custódia, incumbência
varla adv. mal, a custo
vaskligr adj. valente, galante
vatn n. água || lago

vatna (vatnaða) v. dar água (de beber para rebanho) || impessoal *land var vatnat* a terra desapareceu sob o horizonte ("sob a água")
vaxa (vex; óx, óxum; vaxinn) v. crescer || *skógi vaxit* coberta por floresta || *viði vaxit* coberto de árvores
vágr (-s, -ar) m. baía
vágskorinn part. pret. recortado com baías
ván (pl. -ir) f. esperança, expectativa
vápn n. arma
vápnaþing n. assembleia de armas, agrupamento dos guerreiros para inspeção
vár n. primavera || *um várit* durante a primavera, na primavera
vára (váraða) v. chegar a primavera, fazer-se a primavera
veðr n. tempo (condições climáticas) || vento
vega (veg; vá, vágum; veginn) v. levantar || pesar || lutar (com arma) || vencer na luta, matar
vegr gen. -ar, pl. -ir — também gen. -s, pl. -ar) m. caminho, estrada || modo
veiðiferð f. expedição de caça ou pesca
veiðifǫr (gen. -farar, pl. -farir/-farar) f. expedição de caça ou pesca
veiðimaðr m. caçador ou pescador
veita (veitta) v. conceder, dar, prestar; ajudar, assistir
veizla f. festa, banquete
vel adv. bem || *vel at sér (gǫrr)* imponente, capaz
velja (valda; part. pret. valiðr/valdr/valinn) v. escolher || dirigir-se (com palavras) a alguém
velkja (velkta/velkða) v. ser arrastado sem rumo, estar à deriva
vendiligr adj. cuidadoso, cauteloso
vera v. ser, estar, existir || *vera til* haver, estar à disposição || *vera eptir* restar
verða (verð; varð, urðum; orðinn) v. tornar-se, fazer-se, dar-se, ocorrer || *verða at bana* ser a causa da morte, causar a morte
verja (varða) v. defender
verk n. obra, feito, trabalho
verkmaðr m. trabalhador
verri adj. compar. pior
verǫld (gen. veraldar, pl. veraldir) f. mundo
vestan adv. do oeste || *fyrir vestan* a oeste de
vestr n. oeste || adv. para o oeste
vestrætt f. ocidente
vetr (gen. vetrar, nom. pl. vetr) m. inverno || *hinn fyrsta vetr* no primeiro inverno || *þann vetr* (n)aquele inverno || *annan vetr*

(n)o segundo inverno || *hinn þriðja vetr* (n)o terceiro inverno || *í vetr* este inverno

Vébjǫrg n. pl. moderna Viborg, na Jutlândia

við prep. ac. e dat. com, contra, para, por, junto a

viðr (-ar, -ir) m. árvore || floresta || lenha

viðreign f. trato, relação, intercurso

viðtaka f. recepção, acolhida

vili m. vontade

vilja (vilda) v. querer, desejar

vinátta f. amizade

vinda (vind; vatt, undum; undinn) v. torcer, enrolar || *vinda segl* levantar velas

vindr gen. -s ou -ar) m. vento

vinna (vinn; vann, unnum; unninn) v. trabalhar, praticar || vencer, derrotar

vinr (-ar, -ir) m. amigo

vinsæld (também **vinsælð**) f. popularidade

virðing f. honra, reputação, valor

virðuligr adj. honrado, valoroso

vist (pl. -ir)f. estadia, abrigo

vita (veit; vissa; vitaðr) v. saber

vitr adj. sábio, inteligente

vitra (vitraða) v. manifestar, revelar || med. *vitrask* revelar-se, aparecer (em sonho ou visão)

víða adv. amplamente, por muitos lugares

víg n. assassínio, homicídio, morte

vígaferli n. pl. matanças, assassínios, homicídios

víkingr (-s, -ar) m. saqueador, bandido, pirata, viquingue (nunca em sentido étnico ou generalizante)

víkja (vík; veik, vikum; vikinn) v. virar, voltar-se

vínber n. uva

Vínland n. Terra das Parreiras

vínviðr m. parreira

vísa f. verso, estrofe

vísendakona f. mulher sábia, sibila

víss adj. certo, ciente, sabedor || n. *víst* como adv. certamente || *at vísu* certamente

vægja (vægða) v. ceder, dobrar-se, curvar-se (diante de alguém)

vænn adj. belo || promissor

Væringi / Væringr (pl. Væringjar) m. varango (ou varangiano), um mercenário de origem nórdica a serviço do imperador bizantino. Em grego o termo é registrado como *Βάραγγος*, pl. *Βάραγγοι*.

vættidraugr m. poet. fantasma que porta, fantasma que brande

vǫlva f. sibila, profetisa, mulher vidente

vǫxtr (gen. vaxtar, dat. vexti, pl. vextir) m. crescimento, tamanho, estatura || *mikill vexti* grande na estatura

yfir prep. sobre, em cima, por cima

ymr m.rumor, zunido

þaðan adv. de lá

þakka (þakkaða) v. dat. ac. agradecer (no dat. a pessoa a quem se agradece, no ac. aquilo pelo que se agradece)

þangat adv. para lá || *ef þangat væri byggjanda* se lá haveria terras habitáveis (também pode-se entender como: se lá haveria habitantes, o que parece menos coerente)|| *hann kvað þat menn mundu mjǫk fýsa þangat ef landit héti vel* ele declarou que se a terra fosse bem denominada isso compeliria muitos homens (a irem) para lá

þannug (þannig) adv. assim

þar adv. lá || *þar sem* uma vez que, já que; aonde || *þar til er* até que; até onde || *þar í mót* em contrapartida

þá adv. então || *þá er* quando || *þá at* quando

þegar adv. imediatamente || conj. (*þegar er*) quando, assim que, tão logo

þiggja (þigg; þá, þágum; þeginn) v. aceitar, receber

þing n. assembleia

þjóð (-ar, -ir) f. povo, gente, nação || aqui poet.: *þjóðir* homens

þoka f. neblina, nevoeiro

þora (þorða) v. ousar, ter coragem (para algo)

þó conj. porém, contudo, não obstante || *þó at* (comumente contraído: *þótt*) ainda que, conquanto || *ok þó* e sobretudo, e além disso, e além do mais || *en þó* contudo, não obstante

Þórsnessþing n. assembleia de Þórsnes

þreyta (þreytta) v. perseguir algo, esforçar-se por, disputar || esporear (cavalo)

þrír num. três

þroski m. maturidade, madureza

þræll (-s, -ar) m. escravo

þurfa (þurfta) v. precisar

þursligr adj. gigantesco, com aspecto de gigante (não apenas no tamanho, mas também com uma conotação de feiúra; uma tradução livre poderia ser: com o aspecto de um ogro)

þvengr (-jar, -ir) m. tira (de couro, como cadarço)

þyk(k)ja (þótta) v. parecer (com dativo, parecer a alguém)

|| **þyk(k)jask** v. med. julgar, parecer para si (com infinitivo e sujeito correferencial)

ætla (ætlaða) v. 1. (+ infinitivo) ter intenção de, pretender || 2. julgar, considerar, supor (+ inf.)
ætt (-ar, -ir) f. direção, ponto cardeal || linhagem, estirpe

œrinn adj. bastante, suficiente

ǫngull (pl. ǫnglar) m. anzol
ǫrœfi n. costa aberta sem porto

ørendi (também **erendi**) n. mensagem, missão
ørnefni n. nome de lugar, topônimo
øx (gen. sing. øxar ou exar; nom. pl. øxar ou exar) f. machado

pólen bold 90 gr/m2
tipologia times new roman
impresso na primavera de 2024